Pierre Antilogus wurde am 10. März 1952 in Paris geboren. Er ist verheiratet, hat zwei Kinder und arbeitet als Journalist und Drehbuchautor.

Jean-Louis Festjens wurde am 11. Juli 1956 in Boulogne-Brillancourt geboren. Er ist verheiratet und hat zwei Kinder. Er ist Lektor bei Presses de la Cité.

Dieses Buch wurde auf chlor- und säurefreiem Papier gedruckt.

Deutsche Erstausgabe Juni 1992

Titel der Originalausgabe »Le Guide du Jeune Père«

Originalverlag Les Presses de la Cité, Paris
Umschlaggestaltung Manfred Waller
Umschlagillustration Claire Brétécher
Satz MPM, Wasserburg
Druck und Bindung: Ebner Ulm
Printed in Germany
ISBN 3-426-07928-3

2 4 5 3

Pierre Antilogus
Jean-Louis Festjens

Von Essiggurken, Kinderwagen und elektrischen Eisenbahnen

Ein Handbuch für junge Väter

Mit Illustrationen von
Claire Brétécher

Aus dem Französischen von
Martine Gernay und Karl Schieck

Knaur

Unseren Frauen gewidmet

Danksagung

Dieses Buch wäre nie zustande gekommen ohne die bemerkenswerten Arbeiten des Doktor Hermann Paull. Humanist, Wissenschaftler und Schöngeist, wurde der hervorragende Frauenarzt Herr Doktor Paull der Zuneigung des deutschen Volkes viel zu früh durch die Detonation einer sechshundert Pfund schweren Brandbombe entrissen. Sie war »made in Britain«, und das Ganze geschah am 6. Oktober 1944 im Keller einer überfüllten Klinik in Karlsruhe.
Glücklicherweise blieb sein Hauptwerk, »Die Frau – eine umfassende Einführung«, von den Flammen verschont. Dieses Werk war uns von allergrößtem Nutzen.

* Die Autoren verbürgen sich für die Authentizität.

Die Vaterschaft ist eine Quelle unsäglicher Freuden. Das ist allgemein bekannt. Niemand wird das Gegenteil behaupten – und wir schon gleich gar nicht. O nein.
Die Vaterschaft – Quelle unsäglicher Freuden – ist darüber hinaus allen Männern zugänglich – natürlich abgesehen von Impotenten, Eunuchen oder den von Weichem Schanker und tertiärer Syphilis Befallenen. Aber diese ganze Bande verdient ja die Bezeichnung »Mann« eigentlich gar nicht. Also wirklich! Das wäre doch wohl zu einfach, oder?
Die Vaterschaft, die also – und man kann es nicht oft genug wiederholen – eine Quelle unsäglicher Freuden ist, stellt auch das höchste Ziel jeglicher menschlichen Existenz, sozusagen ihre Krönung dar. Bedeutet das nun, daß alles zum Besten steht in der schönsten aller Welten? Leider nein. Da müßten wir lügen.
Um dieser unsäglichen Freuden – deren Quelle die Vaterschaft nun einmal ist – teilhaftig zu werden, gibt es eine wesentliche Grundvoraussetzung: Man muß ein Kind haben. Leider kann man den zweiten Schritt nicht vor dem ersten tun. So ist nun halt mal das Leben.
Dies ist ein Tiefschlag des Schicksals, der wohl ausreichend erklärt, warum eine Vielzahl junger Leute – die sonst eigentlich ganz in Ordnung sind – dem geheiligten Glück der Vaterschaft entsagen. Das Kind macht uns angst. Man hat es bei den anderen gesehen. Man hat es genau beobachtet, während es – schreiend und wild fuchtelnd – durch die Gegend raste. Man verspürte das Bedürfnis, es zu ohrfeigen, und letztendlich kam man zu dem Schluß, daß man um nichts auf der Welt ein eigenes haben möchte.
Welch eine Dummheit! Hauptaufgabe, ja Hauptziel dieses Buches ist es, jegliches Zögern, alle Widerstände und alle Vorurteile, die sich gegen Kinder im Babyalter festgesetzt haben, auszuräumen oder zu entschärfen. Es soll Sie, verehrte

Leser, dazu bringen, sich zusammenzureißen und endlich das Land Ihrer Väter neu zu bevölkern. Kurz: unser Ziel ist es, aus jedem männlichen Staatsbürger einen glücklichen und gut vorbereiteten Vater zu machen.
Ist das nicht ein sehr edles Ziel für ein Buch, das insgesamt gesehen doch eigentlich sehr preiswert ist?

*Einführung**

Vier Grundfragen, die sich jeder unerfahrene werdende Vater stellen sollte

Mit wem soll man ein Kind zeugen?

Mit einer Frau – am besten mit der eigenen. Wenn Sie keine haben sollten, suchen Sie sich eine. Es gibt sie überall, haufenweise. Suchen Sie sich eine stabile, mit breiten Hüften und gesunden Zähnen.

Ideal wäre es, wenn Sie für dieses Wesen ein irgendwie geartetes Gefühl der Liebe, der Zärtlichkeit, der Zuneigung, der kumpelhaften Freundschaft oder wenigstens ein gewisses sentimentales Mitleid empfinden würden. Sollte all dies nicht der Fall sein, dann ist eine sehr starke sexuelle Anziehungskraft unbedingt erforderlich.

Unsere schreckhafteren Leser – sie seien uns an dieser Stelle sehr herzlich gegrüßt – werden sicher bei dem Gedanken zusammenzucken, auf Dauer ihr Leben mit einer Frau teilen zu sollen, selbst wenn dies der einzige Weg ist, die unsäglichen Freuden der Vaterschaft auszukosten. Wir verstehen sie voll und ganz. Sie haben eine Vorahnung all dessen, was das eheliche Leben an Intimität mit sich bringt. Sie ahnen, auf welche Art und Weise diese Intimität sich schnell in ein Sich-auf-der-Pelle-Hocken wandeln und wie man in kürze-

* Die Anwendung dieser gewagten Formulierung – gerade in bezug auf den Akt der Zeugung – birgt das Risiko in sich, einige unserer Leser zu verletzen – und zwar die mit einer ziemlich schmutzigen Phantasie. An sie richten wir hiermit (nichts für ungut) unsere wärmsten Grüße …

ster Zeit bis in die infamste Alltäglichkeit abgleiten kann. Sicher! Natürlich! Nun ja ...
Mögen sie einen gewissen Trost aus der Tatsache schöpfen, daß die Institution »Familie« eine solide moralische Basis für die Fortpflanzung bietet. Darüber hinaus – und wir werden noch ausführlicher darauf eingehen – fällt der Mutter bei der Geburt des Kindes eine nicht unwesentliche Rolle zu. Außerdem kann sich ihre Anwesenheit – vor allem im Anfangsstadium der Kindheit – als nützlich erweisen.

Wie geht man am besten vor?

Bitte erwarten Sie nicht, daß wir uns in einem detaillierten Exposé von unaussprechlichen Sauereien ergehen. Sie werden hier weder eine Auflistung ausgefallener Stellungen noch die Beschreibung abstoßender, kaum tolerierbarer Aktivitäten finden. Rechnen Sie auch nicht mit diesen abgedroschenen Schnittbildern von Organen, die mehr oder weniger der Kopulation dienen.
Es beliebt uns zu glauben, daß selbst unsere ahnungslosesten Leser – sie seien hiermit unserer Hochachtung versichert – nicht völlig unwissend sind, was den Vorgang der Fortpflanzung betrifft.
Nichtsdestotrotz sei es uns erlaubt, noch einmal gewisse Prozeduren zur Nachahmung durch interessierte Leser in Erinnerung zu rufen:

- die Befruchtung in vitro,
- die Leihmutter,
- das Klonen
- die Zell-Hybridation,
- die natürliche Methode.

Letztere, obwohl sie ziemlich anrüchig ist, wird sicher die Aufmerksamkeit unserer sparsameren Leser auf sich ziehen (sie seien an dieser Stelle unserer größten Hochachtung versichert), weil sie nämlich den großen Vorzug besitzt, keine müde Mark zu kosten. Am besten läßt sich diese Methode beschreiben als eine Mischung aus Ringkampf, Robben und Full-body-Contact. Es ist eine Art allgemeinen Aneinanderreibens großer Hautoberflächen, und zwar auf ausdauernde, energische Art und Weise, die darüber hinaus den massiven und zielgerichteten Einsatz von Organen erfordert, welche in den unsäglichsten Körperzonen lokalisiert sind. Zur besseren Erinnerung seien hier nur erwähnt: das Pimmelchen, das Schwänzlein, das Säckchen.

In diesem Zusammenhang
sagt Doktor Hermann Paull:

Nach der Ejakulation werden sich die freigesetzten Spermien ein gnadenloses Rennen liefern, und zwar Hunderte, Tausende, ja Millionen von ihnen in Richtung auf die weibliche Eizelle hin, die sie in stoischer Ruhe erwartet. Ein unwiderstehlicher Elan treibt sie vorwärts, und ein unbeugsamer Wille weist ihnen den Weg. Das Spermium, das diesen Wettlauf schließlich gewinnt, wird sich in die Eizelle bohren, welche ihm – ihrem Schicksal demütig ergeben – ihren Empfängnishügel entgegenwölbt.

Soll es ein Junge oder ein Mädchen sein?

Es scheint, daß man sich heutzutage das Geschlecht seines Kindes aussuchen kann. Einige Ärzte versichern tatsächlich, daß Art und Zusammensetzung der Nahrungsmittel, die eine schwangere Frau in sich hineinstopft, in gewisser Weise das Geschlecht des von ihr unter dem Herzen getragenen Kindes beeinflussen. Kurz gesagt:

- salzige Lebensmittel = Junge.
- Milchprodukte = Mädchen.

Diejenigen unserer Leser, deren sehnlichster Wunsch es ist, einen männlichen Nachkommen zu zeugen – möge der Himmel ihnen ein sonniges Leben bescheren –, werden sicherlich ihre Lebensgefährtinnen dazu bewegen, dieses Experiment zu wagen. Warum auch nicht? Alles in allem ist die Chance, daß sie dabei enttäuscht werden, immerhin nur fünfzig zu fünfzig. Was uns betrifft, so sind wir der Meinung, daß es besser ist, sich der antiken Philosophie – »Was ich nicht weiß, macht mich nicht heiß« – anzuschließen und ergeben zu akzeptieren, was die Vorsehung uns schickt. Tatsächlich hat jedes Geschlecht seine Vorteile. Das kleine Mädchen ist sauertöpfisch, plappert laufend, ist eifersüchtig und singt mit einer unerträglich schrillen Stimme, während sie einen von unten her komisch anguckt. Der kleine Junge schmollt, ist gewalttätig, lügt, hüpft überall schreiend herum und wirft den Leuten irgendwelche Gegenstände an den Kopf. Das eine wie das andere Kind verspricht eine Zukunft ohne Langeweile. Schließlich, ob Junge oder Mädchen, was einen gewissen Punkt betrifft, ist das Resultat das gleiche: Sie werden Vater. Und ist das nicht das einzige, was wirklich zählt?

Warum ein Kind haben?

Weil die Vaterschaft eine Quelle unsäglicher Freuden ist.

Der
werdende
Vater

Eine schwangere Frau ist vor allen Dingen schwanger.

Ramjrandi Sar

Die Schwangerschaft ist eine sehr schwierige Prüfung für den werdenden Vater. Er muß eine Lebensgefährtin ertragen, die ganz und gar durcheinander ist, der es manchmal übel wird, die oft mißgelaunt und immer aufgedunsen ist. Und nur unter dem Vorwand, daß ihr Bauch immer runder wird, wird diese Frau plötzlich zum Nabel der Welt. Alle Aufmerksamkeit richtet sich auf sie. Man kümmert sich um sie, man verwöhnt sie, man preßt frischen Orangensaft für sie – den zu trinken sie natürlich ablehnt, weil ihr davon schlecht wird! Und in dieser Zeit – wer kümmert sich um den Ehemann, um seine Gesundheit, um sein Nervenkostüm, um seine Ängste? Natürlich niemand. Auf ihn kommen eine harte Zeit und eine undankbare Rolle zu. Unwillkürlich denkt man an die unglücklichen Drohnen, die im tiefen, dunklen, wimmelnden Inneren des Bienenstocks hinterhältig um die Ecke gebracht werden, sobald sie die Königin geschwängert haben (natürlich ist hier von der Bienenkönigin die Rede). Man könnte die Rolle des werdenden Vaters auch mit dem Schicksal des Männchens der Gottesanbeterin vergleichen oder aber mit der Pizza-Heuschrecke des Hochlandes von Mali … Wie auch immer: an solche Dinge muß man plötzlich denken, und das ist wirklich nicht angenehm. Nur Mut, verehrter Leser und Freund! Diese dunkle Zeit wird nicht ewig dauern. Nur neun Monate, ehrlich! Aber neun Monate, die Sie durchhalten müssen. In dieser Zeit werden Sie mit einigem konfrontiert werden, werden Sie einige Entscheidungen und – ohne herumzutrödeln – Ihre Vorbereitungen treffen müssen. Diesen anstrengenden Hindernislauf – lassen Sie ihn uns gemeinsam angehen. Der Countdown hat begonnen …

Die frohe Botschaft

Immer genau dann, wenn Sie am wenigsten damit rechnen, und vorzugsweise mitten in einem Fußballspiel wird Ihre Frau Ihnen die Nachricht verpassen. Vorsicht. Lassen Sie sich nicht überrumpeln – bei Ihrer Antwort handelt es sich nämlich um Ihre historischen ersten Worte als werdender Vater. Also, Vorsicht: Falle!

Der kluge Mann* baut vor und ist seit dem Augenblick der Zeugung ständig in Alarmbereitschaft. Er wird mit einem Blick den Ernst der Situation erfassen und sofort richtig reagieren, z. B. indem er den Videorecorder einschaltet. So kann er das Ende des Spieles oder des Filmes aufnehmen und nach Überwindung der Krise in Ruhe ansehen.

Es ist nicht immer ganz einfach, schon aus den ersten Worten Ihrer Frau auf eine Schwangerschaft zu schließen. Mann, haben Sie ein Glück, daß Sie dieses Buch in Händen halten! Genau diese Situation haben wir nämlich vorhergesehen. Wir stellen Ihnen in der folgenden Tabelle die eventuell möglichen Ankündigungen Ihrer Partnerin vor. Diese Tabelle sollte es Ihnen ermöglichen, rechtzeitig auf die große Neuigkeit zu reagieren. Außerdem ermöglicht Ihnen diese Auflistung, vom ersten Monat an festzustellen, welcher Typ von Mutter sich in Zukunft um Ihre Kinder kümmern wird.

* Vergessen wir aber nie, daß ein kluger Mann zwei normale Männer aufwiegt, eine schwangere Frau jedoch vier normale Frauen!

Auflistung der möglichen Ankündigungen

ihr Verhalten	*ihr erster Satz*	*ihr zweiter Satz*	*Ihre bessere Hälfte ist:*
Sie fällt Ihnen um den Hals, sobald Sie von der Arbeit nach Hause kommen.	Ich habe eine Riesenneuigkeit für dich.	Wir werden ihn Traugott nennen.	hysterisch
Sie ist in Schmusestimmung und streichelt Sie zärtlich im Nacken, während Sie fernsehen.	Schatzilein, Duuu …	Na so was, ich habe plötzlich wahnsinnigen Appetit auf Erdbeeren.	eine Kindfrau
Sie raucht wie ein Schlot.	Das ist eine Katastrophe …!	Meine Periode ist schon fünfzehn Tage überfällig.	furchtsam
Sie reißt Ihnen die Zigarette von den Lippen.	Ich verstehe dich wirklich nicht, Gerhard.*	Mußt du jetzt rauchen? Du könntest ein bißchen mehr Rücksicht auf meinen Zustand nehmen.	eine Nervensäge
Sie schaut ihren Terminkalender durch und überprüft gewisse Eintragungen mit Hilfe eines zweiten Kalenders.	Ich muß unbedingt mit dir reden, Gerhard.*	Ich bin ganz sicher, daß das Kind von dir ist.	eine Mannstolle
Sie sitzt Ihnen gegenüber und ordnet ihre Karten.	Kreuz. Ich gehe mit.	Kontra.	eine Kartenspielerin**
Sie sitzt in der Küche und starrt auf das Röhrchen eines Schwangerschaftstests.	Sind Sie das, Herr Doktor?	Steh nicht da wie ein Ölgötze! Gib mir das Thermometer.	eine Patientin

* Oder Manni oder Hans-Jürgen oder …

** In diesem besonderen Fall haben Sie nichts zu befürchten. Antworten Sie einfach: »Pik ist Trumpf.« Der Rest ergibt sich von selbst.

Die Hysterische geht davon aus, daß die Erde augenblicklich aufhört, sich zu drehen, oder aber, daß sie sich nur noch um sie selbst dreht. Der Lebensgefährte einer Hysterischen spielt in deren Augen nur eine Nebenrolle im Film der Ereignisse. Das werden Sie sehr schnell zu spüren bekommen. Wenn Ihnen diese neun Monate bereits nervenaufreibend vorkommen sollten, so seien Sie beruhigt: das ist noch gar nichts, verglichen mit dem, was Sie im Augenblick der Entbindung erwartet.

Die Kindfrau will mehr denn je bemuttert sein. Als sie noch nicht schwanger war, verbrachte sie schon die meiste Zeit damit, sich an Ihre starke Schulter zu kuscheln. Das wird nun nicht plötzlich besser werden – aber im Grunde mißfällt Ihnen das ja gar nicht.

Die Furchtsame ist nicht immer sehr beglückt, Ihr Kind unter dem Herzen zu tragen. Sei es, weil ihre Arbeit ihr über alles geht, sei es, weil sie Sie im Endeffekt gar nicht besonders mag, sei es, weil sie bereits vier Kinder hat und sich nicht vorstellen kann, wie sie die »freudige Nachricht« ihrem Mann, einem Oberfeldwebel bei den Fallschirmjägern, beibringen soll; wie dem auch sei – die Furchtsame kann sehr leicht den Typ wechseln und zur Nervensäge werden.

Die Nervensäge ist eine Art umgeschulte Hysterikerin. Wie letztere ist sie überglücklich, schwanger zu sein – nicht etwa weil sie sich das besonders gewünscht hätte, sondern weil ihr das die Möglichkeit gibt, Ihnen auf die Nerven zu gehen. Seien Sie beruhigt. Sie müssen nur neun Monate lang durchhalten, danach kriegt das Kleine alles ab.

Die Mannstolle ist manchmal eine gute Mutter, aber selten eine gute Ehefrau. Dank ihr können Sie von nun an dem Status des Gehörnten den des jungen Vaters – oder zumindest den des jungen Adoptivvaters – hinzufügen.

Die Kartenspielerin hat genaugenommen mit diesem Buch überhaupt nichts zu tun. Obwohl ... wir haben schon schwangere Kartenspielerinnen getroffen. Einige von ihnen waren furchtsam, andere mannstoll, wieder andere Kindfrauen. Ja. Sogar Vertreterinnen des Typs Nervensäge sind uns begegnet. Gedulden Sie sich bis zum Ende der Partie – vielleicht deckt sie ihre Karten auf.

Die Patientin ist nicht schwanger, sondern krank. In den Folgemonaten wird sich das Defizit der Krankenversicherungsträger noch verschlimmern, und alle Gesundbeter der Umgebung werden sich eine goldene Nase verdienen. Um den sechsten Monat herum sollten die Dinge etwas ruhiger werden. Zu diesem Zeitpunkt wird sie wahrscheinlich beschließen, daß ihr Zustand es erfordert, das Bett zu hüten.

Wie reagieren Sie darauf?

Das ist eine gute Frage. Nichts ist gefährlicher, als jetzt etwas Falsches zu sagen. Ihre erste Reaktion entscheidet nämlich darüber, ob Sie in den Augen Ihrer Partnerin das Zeug zum »Pater Familias« haben.
Sie sind für alle Eventualitäten gewappnet, wenn Sie die folgenden sieben Verhaltensweisen einüben. Sobald Sie den »Muttertyp«, mit dem Sie es von nun an zu tun haben werden, identifiziert haben, wenden Sie die jeweils passende Verhaltensweise an. Erfolg garantiert!

Typ 1: »Die Hysterische«. Seien Sie mindestens drei Sekunden lang sprachlos (in dieser Zeit wird Ihnen doch wohl der passende Text einfallen!). Schließen Sie sie jetzt in die Arme, heben Sie sie leicht vom Boden ab, und drehen Sie sich (unter den Klängen des Adagio von Richard Clayderman) in Zeitlupe um Ihre eigene Achse.
Sagen Sie: »Liebling, das ... das ist so wunderbar. Ich kann's noch gar nicht fassen. Das ist fast zu schön, um wahr zu sein.«
Sagen Sie keinesfalls: »Schatz, ich wollte dich auch überraschen. Stell dir vor, ich habe zwei Tribünenplätze für das Spiel Bayern gegen Köln.«

Typ 2: »Die Kindfrau«. Schließen Sie sie in die Arme, und warten Sie, bis sie von selbst aufhört, Sie abzuküssen. Sagen Sie: »Ein Kind, ein Kind mit dir! Kindchen, das ist ja toll!«
Sagen Sie keinesfalls: »Das muß ich gleich meiner Mutter erzählen.«

Typ 3: »Die Furchtsame«. Runzeln Sie die Stirn und geben Sie sich nachdenklich. Dann zünden Sie sich auch eine Zi-

garette an und drehen sich mit dem Anflug eines zuversichtlichen Lächelns langsam zu ihr um.
Sagen Sie: »Das wird hart, aber wir werden es schon schaffen, Liebling.«
Sagen Sie keinesfalls: »Da hast du recht, das *ist* eine Katastrophe.«

Typ 4: »Die Nervensäge«. Setzen Sie sich neben sie auf die Couch. Nehmen Sie sie bei den Händen, und schauen Sie ihr mit einer ausgewogenen Mischung aus Bewunderung und Anbetung in die Augen.
Sagen Sie: »Hab ich dich richtig verstanden? ... Schnell, erzähl ...«
Sagen Sie keinesfalls: »So, du bist schwanger. Tja, Kleines, da bist du nicht die erste, der das passiert.«

Typ 5: »Die Mannstolle«. Zögern Sie keine Sekunde und verhalten Sie sich wie bei Typ 1.
Sagen Sie: »Klar, das Kind muß von mir sein. So etwas spürt ein werdender Vater einfach. Ich haben den Kleinen jetzt schon richtig lieb.«
Sagen Sie keinesfalls. »Wahnsinn, was die Wissenschaft heutzutage alles zuwege bringt! Ich hätte mir nie träumen lassen, daß ich nach meiner Operation noch Vaterfreuden entgegensehen könnte.«

Typ 6: »Die Kartenspielerin«. Nur die Ruhe, Sie haben die besseren Karten.

Typ 7: »Die Patientin«. Fassen Sie sie sanft am Ellenbogen und geleiten Sie sie zum nächsten Sessel. Kochen Sie, räumen Sie ab, spülen Sie das Geschirr, und bringen Sie den Abfall raus. Oder packen Sie Ihre Koffer und kommen Sie

erst in neun Monaten wieder. Durch jedes andere Verhalten könnte sich der Typ 7 in einen Typ 4 verwandeln.
Sagen Sie: »Nein, bleib nur sitzen, Schatz. Denk an deinen Zustand ...«
Sagen Sie keinesfalls: »Wo sind meine Pantoffeln, du Schlampe?!«

Schlußfolgerung des Doktor Hermann Paull
Es ist gänzlich irrational, von einer weiblichen »Unterlegenheit« zu sprechen. Der gleichen Irrationalität entspringt die oberflächliche Erwägung, der zufolge die Frau von Natur aus verlogen, unmoralisch und geistig minderbemittelt ist.

Die Zeit der Gelüste

Wir unterscheiden bei der schwangeren Frau sieben verschiedene Gelüste. Man sollte unbedingt mit ihnen vertraut sein, wenn einem nur im geringsten am Hausfrieden und folglich an der eigenen Seelenruhe gelegen ist.

1. Die »Lust«, sich zu übergeben

In den ersten Monaten einer Schwangerschaft genügt bei vielen Frauen schon allein der Duft eines guten Essens, um Unwohlsein, Übelkeit und oft noch Schlimmeres auszulösen. Plötzlich schieben sie die Riesenportion Auflauf – sonst ihr Lieblingsgericht – voller Abscheu beiseite, springen wie von der Tarantel gestochen vom Tisch auf oder pendeln – bleich, zitternd und elend – zwischen Küche und Badezimmer hin und her. Kurz gesagt, meine verehrten Herren, sie bieten uns ein Schauspiel, das ganz und gar dazu angetan ist, uns den Appetit zu verderben.

Wie reagieren Sie darauf? Nur die Ruhe! Mag dieses Verhalten Ihnen auch noch so eigenartig und fehl am Platze erscheinen, es wäre sicher falsch, es als Zeichen mangelnder Erziehung zu werten. Tun Sie – wenn möglich –, als hätten Sie nichts bemerkt, aber entsagen Sie in Gegenwart Ihrer Partnerin auf alle Fälle dem Verzehr von ekelerregenden Speisen (wie z. B. Hirn, Lunge oder übelriechenden Käsesorten usw.). Und vor allem: Fallen Sie in ihrer Anwesenheit unter keinen Umständen wie ein hungriger Wolf über Ihren Teller her, und vermeiden Sie fettige Lippen und Soßenflecke am Kinn.

2. Die »dringlichste« Lust von allen

Hierbei handelt es sich um ein anderes, unvermeidbares Naturphänomen, das im Laufe der Zeit immer akuter wird. Die Schwangere setzt nämlich den größten Teil ihrer Lebenskraft daran, ihren aufgeblähten Leib zu entleeren. Dies überrascht in keinster Weise, wenn man bedenkt, daß ihre Innereien durch das heranwachsende Baby ganz erbärmlich zusammengedrückt werden. Hierbei ruht das Köpfchen des Kindes immer wieder auf ihrer Blase wie auf einem Kuschelkissen. Daraus ergibt sich die Notwendigkeit, in kürzesten Abständen das Übermaß an Flüssigkeit abzulassen.

Wie reagieren Sie darauf? Wohlwollend! Sollten Sie im Auto unterwegs sein, so halten Sie jedesmal an und pfeifen auf eine gute Durchschnittsgeschwindigkeit! Sagen Sie sich nur, daß das Kind bereits begonnen hat, an den Nerven seiner Mutter zu zerren, und daß dies nur der Anfang ist ...

3. Die Lust, verhätschelt zu werden

Nicht ohne eine gewisse – verständliche – Bestürzung sieht die Schwangere, wie sich ihr Körper im Laufe der Wochen verändert. Das geht soweit, daß sie schließlich an ihrer weiblichen Ausstrahlung und an ihrer Anziehungskraft auf das andere Geschlecht zu zweifeln beginnt. Folglich gibt sie sich jetzt besonders anschmiegsam. Sie braucht Bestätigung, sie braucht Streicheleinheiten. Vorsicht, meine Herren, verstehen Sie dies jedoch nicht falsch! Es bedeutet keineswegs, daß Sie ständig über sie herfallen sollen – ganz im Gegenteil! Da wir gerade beim Thema sind: Ist Beischlaf während der Schwangerschaft überhaupt erlaubt? Die Ärzte bejahen dies – sie gehen sogar soweit, es den Betroffenen völlig freizustellen, wie sie sich in diesem Punkt verhalten. Die gleichen Ärzte raten jedoch in den ersten Monaten zu völliger Enthaltsamkeit (Risiko von Fehlgeburten). Denselben Rat geben sie übrigens auch für die letzten Monate der Schwangerschaft (Gefahr von Kindbettfieber). Im Klartext heißt das: Falls keine Gegenanzeigen bestehen, wird man versuchen, »auf halbem Wege« ein paar – nicht zu leidenschaftliche – Umarmungen einzuplanen.

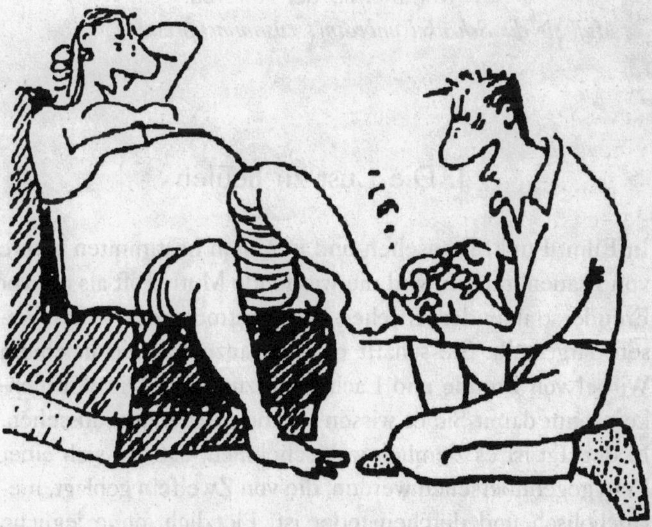

Wie verhalten Sie sich? Untadelig, ganz Gentleman! Es versteht sich von selbst, daß jeder, der auch nur ein Minimum an Einfühlsamkeit besitzt, keinerlei Schwierigkeiten haben wird, seinen Trieb zu zügeln. Sollten Sie allerdings dieses Minimum an Einfühlsamkeit nicht aufbringen, dann gibt's nur eines: Versuchen Sie das Beste aus der Situation zu machen.

Hierzu rät Doktor Hermann Paull

Empfohlen wird eine Stellung, bei der beide Partner sich in der Bauchlage befinden. Die Frau beugt die Hüften und hält die Schenkel zusammengepreßt. Vorteil: Es handelt sich hierbei um eine Variante, die von erfahrenen Frauen bevorzugt wird, weil sie weniger ermüdend ist als die normale Stellung. Nachteil: Eine unerfahrene oder nicht genügend erregte Frau läuft Gefahr, unbefriedigt zu bleiben.

Kommentar der Autoren

Muß sie die Schenkel unbedingt zusammenpressen?

4. Die Lust zu heulen

In Film, Funk, Fernsehen und in einem bestimmten Genre von Frauenliteratur wird die werdende Mutter oft als ein vor Freude strahlendes, frisches, energiestrotzendes, edles Wesen dargestellt. Sie schafft es, die ganze Familie in einem Wirbel von Freude und Lachen mitzureißen. Die Wirklichkeit – nur damit Sie es wissen – kann ganz anders aussehen. In der Tat ist es ziemlich wahrscheinlich, daß Sie sich einer Frau gegenübersehen werden, die von Zweifeln geplagt, melancholisch und durcheinander ist. Plötzlich, ohne jegliche

Vorwarnung, werden Sie Zeuge, wie ihre Mundwinkel herunterfallen, ihr Kinn sich verkrampft und ihre sonst strahlenden Augen sich mit Tränen füllen.

Wie reagieren Sie darauf? Seien Sie fröhlich! Zeigen Sie nicht, wie sehr Ihnen gerade das auf die Nerven geht. Wenn Ihre Lebensgefährtin am Rande der Verzweiflung steht, so hat das überhaupt nichts mit Ihnen zu tun. Sie trifft keinerlei Schuld – natürlich nicht! Ihr Verhalten richtet sich in keinem Fall gegen Sie. Sollten Sie gute Gründe haben, das Gegenteil anzunehmen, versuchen Sie am besten, das Ganze herunterzuspielen. Reden Sie ihr gut zu ...
... oder knallen Sie ihr eine!

5. Die Lust zu rauchen

War Ihre Partnerin schon vor der Schwangerschaft überzeugte Nichtraucherin, dann wird sie sicher auch jetzt nicht zum Glimmstengel greifen. Hat sie jedoch schon vorher wie ein Schlot gequalmt, dann ist es ziemlich unwahrscheinlich, daß sie jetzt plötzlich damit aufhört ... (obwohl sie heldenhaft versuchen wird, weniger zu rauchen). Betrüblich an der ganzen Sache ist, daß der Tabakgenuß die Entwicklung des Babys beeinträchtigen kann. (Kinder von Raucherinnen sind oft kleiner als der Durchschnitt).

Wie verhalten Sie sich? Nehmen Sie das Ganze mit Gelassenheit! Kleine Leute können es im Leben genauso weit bringen wie große. Der beste Beweis hierfür war Doktor Hermann Paull selbst (1,38 m).

6. Lust auf überteuerte und nutzlose »Kleinigkeiten«

Hierbei handelt es sich um das perfekte Klischee, das einem sofort einfällt, sobald von den berühmt-berüchtigten Gelüsten der schwangeren Frau die Rede ist. Bekanntermaßen kann sie ganz plötzlich seltsame und unwiderstehliche Gelüste empfinden, die Sie, als ihr Mann, dann natürlich auf der Stelle zu befriedigen haben, weil andernfalls ein echtes Gesundheitsrisiko für Mutter und Kind zu befürchten wäre. Was wird sie von Ihnen fordern? Wahrscheinlich Hummer, Trüffel, Kaviar, einen Nerzmantel, Diamanten oder ähnlichen Klimbim. Selbstverständlich läßt sich dieser Ausbruch schändlichster Launenhaftigkeit in keiner Weise wissenschaftlich erklären.

Wie reagieren Sie darauf? Mit dezenter Zurückhaltung! Kategorische Ablehnung, selbst wenn sie höflich vorgebracht wird, birgt das Risiko, Sie bei Ihrer Frau in Mißkredit zu bringen. Darüber hinaus könnten Sie im Freundeskreis für einen Geizhals gehalten werden. Und das erscheint uns nicht gerade wünschenswert – es sei denn, Sie sind von Schnorrern umgeben. Was nun? Zu allen überzogenen Ansprüchen der gnädigen Frau ja und amen sagen? Die Folge wäre, daß Sie zum Stammkunden der teuersten Delikatessengeschäfte, Modeboutiquen und Juweliere würden.

Keine Frage: *Sie* halten das durch – aber wie steht's mit Ihrem Bankkonto? Mal ehrlich! Eines ist uns doch allen klar: Hätten Sie das nötige Kleingeld, würden Sie dieses miese Buch gar nicht erst lesen, sondern hätten sich vielmehr ein anderes, von talentierten Autoren weitaus besser geschriebenes Buch gekauft. Tun sie also bloß nicht so …

Die beste – und einzige – Lösung dieses Problems besteht

darin, die Gelüste Ihrer Partnerin auf Dinge umzulenken, die Sie sich leisten können. Aber natürlich muß dies mit sehr viel Takt, ja mit Ritterlichkeit geschehen. Es gelingt am besten mit kurzen, beiläufig geäußerten, dezent manipulierenden Sätzen, wie:

- Sieh mal, Schatzi, wie appetitlich diese Kartöffelchen aussehen!
- Die Spaghetti sind dieses Jahr einfach köstlich. Wollen wir uns nicht noch eine Portion genehmigen?
- Brot mit Reis, Mäuschen, glaube mir – es gibt nichts Besseres für den Teint.
- Diese bedruckten Synthetikblusen sind zur Zeit der Renner! Im Supermarkt nebenan sind sie schon wieder ausverkauft!

Schließlich, liebe Freunde und Leser, vergessen Sie eines nicht: alles dreht sich um die Gelüste Ihrer Herzallerliebsten. Sie haben erst mal Sendepause – und das ist ungerecht.
Der werdende Vater hat natürlich auch berechtigte, heftige und unwiderstehliche Gelüste. Er träumt von einem neuen, geräumigen Wagen, mit dem er seine kleine Familie spazierenfahren kann, von Anzügen, die seinem neuen Status gerecht werden, von einem Erholungsurlaub auf Hawaii ...
Diesem werdenden Vater können wir nur dringend raten, sich solche kleinen Vergnügen guten Gewissens zu leisten. Wenn er sich schon selbst nicht verwöhnt, wer sollte es dann tun? Zur Hölle mit dem Geiz: man wir ja schließlich nicht jeden Tag Vater.

7. Die Lust, Sie umzubringen

Sie fühlt sich mies. Sie fühlt sich unwohl in ihrer Haut, weil sie aus dem Leim geht, deprimiert ist und Angst vor der Entbindung hat. Sie ist, kurz gesagt, total frustriert. Ist es da verwunderlich, wenn die zukünftige Mutter manchmal eine gewisse Aggressivität gegen ihren Ehemann entwickelt? Mit einer ganz weiblichen Logik wird sie ihn für ihren Zustand verantwortlich machen, ihm deswegen böse sein und vielleicht versuchen, ihm Dinge anzutun, die sie später bereuen könnte.

Wie verhalten Sie sich? Tarnen, täuschen, ausweichen! Sie ist Ihre Frau – nicht Ihr Feind! – aber vermeiden Sie es trotzdem, ihr den Rücken zuzuwenden, vor allem, wenn Sie sich in einem Zimmer befinden, in dem es von Feuerhaken, Briefbeschwerern oder afrikanischen Statuetten nur so wimmelt.

An dieser Stelle wollen wir ein für allemal mit einem lächerlichen Aberglauben aufräumen:

Es gibt ein Ammenmärchen, das ganz besonders unter Frauen weit verbreitet ist: Wenn einer schwangeren Frau plötzlich ein Tier über den Weg läuft (zum Beispiel ein Hund, ein Hase, ein Schwein, ein Krokodil oder ein Schnabeltier ...) und sie durch dieses Tier erschreckt wird, dann wird später ihr Kind typische Körpermerkmale des betreffenden Tieres aufweisen. Wenn plötzlich etwa ein Pudel vor ihr aufspringt, wird die Nase das Sprößlings einer Hundeschnauze ähneln. Handelt es sich bei dem Tier um ein Schwein, kommt ihr Kind sicher mit einem Rüssel zur Welt ... oder aber es hat eine Hasenscharte, falls einer dieser süßen Nager zufällig ihren Weg gekreuzt hat. Es versteht sich von selbst, daß es sich hierbei um einen ganz absurden Aberglauben handelt ...

... Wau, wau, wau!

Dritter Monat

Verschiedene Entbindungsmethoden

Blickt man auf sämtliche seit grauer Vorzeit erfolgten Entbindungen zurück, dann ist es frappierend festzustellen, daß alle diesbezüglichen Aussagen in einem Punkt übereinstimmen: Es tut weh. Kritiker könnten hier vielleicht einwenden, daß wir mangels Fallstudien von männlichen Schwangerschaften über keinerlei Vergleichsmöglichkeiten verfügen und daß die Frauen bekanntermaßen wehleidig sind. Wir antworten ihnen hierauf, daß sie mit diesem Einwand natürlich recht haben, aber daß der ganze Vorgang – wie auch immer betrachtet – keinesfalls sehr angenehm ist. In diesem Zusammenhang würde es von mangelndem Einfühlungsvermögen zeugen – ja sogar unvorsichtig sein –, Ihrer Ehefrau diese oder jene Methode der Niederkunft zu empfehlen. Falls die Sache schieflaufen sollte, wäre die Arme Ihnen nämlich mit Recht eine Zeitlang böse und würde schmollen. Dies wiederum könnte der affektiven Entwicklung des Neugeborenen abträglich sein.

Hieraus leiten wir folgende Grundregel ab: Lassen Sie sich auf keine Diskussionen ein. Egal, ob Ihre Frau das Kind unter Wasser, unter örtlicher Betäubung, im Sitzen, im Stehen, in der Hocke oder mit dem Kopf nach unten hängend zur Welt bringen will: sie ist diejenige, die recht hat. Aber verstehen wir uns nicht falsch: Die schlichte Tatsache, daß Sie mit allem einverstanden sein müssen, was ihr in den Sinn kommt, entbindet Sie in keiner Weise von den stundenlangen Diskussionen, die sie so genießt. Kapieren Sie, lieber Leser, es nun endlich ein für allemal: Ihre bessere

Hälfte hat nur noch einen Gedanken im Kopf: nämlich ihre Niederkunft. Das ist bei ihr zur fixen Idee geworden. Obwohl die demnächst Gebärende – vor allem wenn es sich um ihre erste Niederkunft handelt – eine klare Neigung zum Monologisieren hat, kann es vorkommen, daß Sie nach Ihrer Meinung gefragt werden. Für diesen seltenen, aber um so überraschenderen Fall bieten wir Ihnen eine kleine Zusammenfassung an.

Zusammenfassung der Geburtsmethoden, die es Ihnen ermöglichen sollte, alle erdenklichen Situationen zu meistern.

Um das Ganze zu vereinfachen, ordnen wir jedem der folgenden Punkte einige Symbole zu, die es dem zukünftigen Vater ermöglichen sollten, auf einen Blick die Vor- und Nachteile eines jeden Vorschlags der werdenden Mutter zu erkennen.

Grad der Erträglichkeit für die werdende Mutter

 angenehm

 leicht unangenehm

 unerträglich

Gesprächsstoff

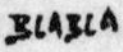

beschränkt

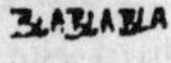

umfangreich

 unbegrenzt

Erträglichkeit für den werdenden Vater, der diesem Ereignis beiwohnt

- erträglich
- unerträglich
- tödlich

Niederkunft auf streng katholische Art

»Unter Schmerzen sollst du dein Kind gebären«, sagte der Herr, und – ganz unter uns – in diesem Fall hätte Er besser geschwiegen. Aus Respekt für die Heilige Schrift sind die Anhänger der katholischen Entbindungsmethode dafür, der Natur ihren Lauf zu lassen. Dabei schrecken sie nicht davor zurück, die zukünftige junge Mutter an den Ohren zu ziehen oder sogar zu verprügeln, falls sie nicht genug leiden sollte. Diese Methode, die für die Nerven und die Ohren des werdenden Vaters sehr anstrengend ist, bietet natürlich gewisse finanzielle Vorteile. Man spart sich Anästhesie, Blumen, Süßigkeiten und alle anderen Dinge, die eine Niederkunft weniger unangenehm machen. Aber sie läßt nur selten schöne Erinnerungen zurück, es sei denn für jene jungen Paare, die sowieso ihre Samstagabende damit verbringen, sich ganz in Leder gekleidet unter den Klängen von Wagner gegenseitig auszupeitschen.
Nicht empfehlenswert.

Die schmerzlose Geburt

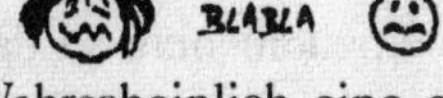

Wahrscheinlich eine englische Spielart. Auf dieses zweifelhafte Nebenprodukt des sprichwörtlichen britischen Humors fallen auch heute noch einige Naive herein. Diese Frauen

sind davon überzeugt, daß sie während des Geburtsvorganges keinerlei Schmerzen empfinden werden – vorausgesetzt, daß sie wie ein Schoßhündchen hecheln. Der einzige wirkliche Vorteil dieser Methode ist, daß sie die Hebamme zum Lachen bringt und diese sich dadurch dem Neugeborenen freudiger widmet. Darüber hinaus bietet diese Art der Entbindung nur wenige Vorteile und erweist sich bestenfalls in 1,37 Prozent aller Fälle als wirksam.
Andererseits ist die Schwangere durch die langen Vorbereitungsübungen, die dafür nötig sind, abgelenkt. Sie hat dadurch das Gefühl, zu etwas nütze zu sein, und hängt wenigstens nicht in Kneipen rum. Also: besser als gar nichts.
Vorsicht! Wir warnen an dieser Stelle ausdrücklich die werdenden Väter vor den Gruppensitzungen für eine schmerzlose Geburt. Einige überspannte Frauen schleppen ihre unglücklichen Partner mit Gewalt zu solchen Sitzungen. Dort werden sie dann gezwungen, sich in T-Shirt und schwarzen Strumpfhosen auf eine Schaumgummimatte zu legen und das Becken im Takt anzuheben. Dabei müssen sie unter dem strengen Blick eines ehemaligen Aerobiclehrers wie eine alte Dampflok schnaufen. Bleiben Sie hart. Lehnen Sie das rundweg ab.

Die Geburt unter Wasser

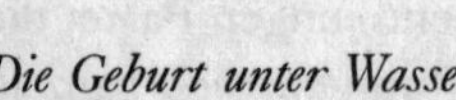

Urheber dieser Methode ist ein sowjetischer Wissenschaftler, der wegen abweichlerischer Tendenzen aus dem Sojus-Programm ausgestoßen worden war. Diese Methode besteht darin, die zukünftige junge Mutter in ein Becken mit siebenunddreißig Grad warmem Wasser einzutauchen, so daß das Kind gemütlich aus einem Feuchtmilieu in ein anderes überwechseln kann. Hierdurch soll ihm der furchtbare Schock einer »Normalgeburt« erspart bleiben: dieses traumatische Erlebnis, das uns allen widerfahren ist und das aus uns menschliche Wracks gemacht hat. Insgesamt eine lobenswerte Absicht, die jedoch einen großen Nachteil aufweist: *Früher oder später ist es unbedingt nötig, das Baby aus dem Wasser herauszuholen!*

Geburt unter Periduralanästhesie

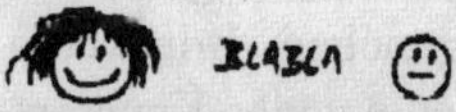

Zur Zeit ist diese Methode weit verbreitet. Von den Anhängern der katholisch-traditionellen Entbindungsweise wird sie jedoch völlig abgelehnt. Durch die Periduralanästhesie wird der Unterleib der zukünftigen Mutter lokal betäubt. Dadurch wird erreicht, daß sie im Kreißsaal keinerlei Schmerzen mehr empfindet. Natürlich immer unter der Voraussetzung, daß die Sache funktioniert. Und daß es zum Beispiel nicht zu einem Ohnmachtsanfall kommt, sobald sie der dreißig Zentimeter langen Injektionsnadel gewahr wird, die eine muskulöse Anästhesistin ihr langsam in die Wirbelsäule zu stechen versucht.

Im übrigen sei zartbesaiteten zukünftigen Vätern geraten, die Zeit der Verabreichung dieser Spritze für einen kleinen Spaziergang außerhalb des Kreißsaales zu nutzen. Eine unerwünschte Ohnmacht Ihrerseits würde Ihrem Image als werdendem Vater in den Augen Ihrer Frau und in den Augen des Krankenhauspersonals sehr schaden.

Die sowjetische Methode

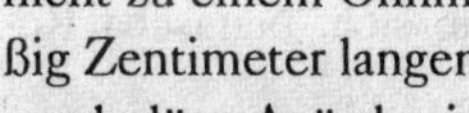

Die Gynäkologen der Leningrader Frauenklinik haben nach Aussagen des Doktor Lamaze unter seinen Augen eine »lächelnde, glückliche Frau bei vollem Bewußtsein« von einem gesunden Kind entbunden. Dieses Ergebnis wird durch eine ausführliche Vorbereitung der Partnerin erreicht, eine Vorbereitung, die sich an den Methoden Pawlows orientiert. Und zwar besteht die Methode darin, »die schmerzhaften konditionierten Reflexe durch nützliche konditionierte Reflexe zu ersetzen«. (sic!) Der Bericht des guten Doktor Lamaze löste zweifellos ein gewisses Aufsehen in wissenschaftlichen Kreisen des Westens aus. Nach langwierigen Nachforschungen und einem umfangreichen Briefwechsel mit einer Hebamme ebendieses Leningrader Krankenhauses, die leider namentlich nicht genannt werden möchte, ist es uns heute hier möglich, dem breiten Publikum den Ablauf dieses Pawlowschen Reflextrainings zu erläutern. Die folgenden Zeilen sind die exakte Wiedergabe eines während der Niederkunft aufgenommenen Tonbandprotokolls.

Doktor Wassili Iwanow Entspannen Sie sich, Natascha Romanowna, es wird alles gutgehen ...

Natascha Romanowna Da, Genosse Doktor. Aber es tut sehr weh!

Doktor Wassili Iwanow Denken Sie an etwas anderes, und lächeln Sie, Natascha Romanowna. Die kapitalistische Medizin schaut auf Sie!

Natascha Romanowna, stöhnend Ich kann mich nicht konzentrieren, Genosse Doktor. Es tut zu weh.

Wladimir Romanow (der Ehemann) Hören Sie, Genosse Doktor. Könnte man ihr nicht etwas geben?

Politkommissar Sergej Zoublanski Wache! Nehmen Sie diesen konterrevolutionären Verräter fest!

(Schwer zu identifizierende Geräuschkulisse auf der Kassette)

Politkommissar Sergej Zoublanski Natascha Romanowna, sind Sie nun endlich bereit, mit uns zusammenzuarbeiten?

Natascha Romanowna Da, Genosse Kommissar! Da!

Doktor Wassili Iwanow Karacho! Holen Sie den französischen Arzt rein. Sie ist soweit.
Ohne Kommentar.

Die akrobatische Geburt

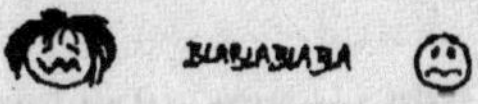

Unter dieser Überschrift haben wir alle folkloristisch-gymnastischen Launen zusammengefaßt, die einer werdenden Mutter einfallen können, wenn sie sich von den Büchern beeinflussen läßt, die sie gerade liest. Drei Seiten Levi-Strauss reichen schon, um sie davon zu überzeugen, daß sie in der Hocke niederkommen muß, genau wie die Tchechacoatl-Indianerinnen vom Unterlauf des Amazonas. Drei Seiten aus Frazers »Der goldene Zweig«, und sie wird das Ganze kniend durchziehen wollen, so wie die Frauen der Tiki-Tiki-Insel in Polynesien. Bleiben Sie ruhig, und schmuggeln Sie ihr das Buch von Sybil Gräfin Schönfeldt ins Bücherregal, dann sollte alles glattgehen.

Hierzu die Meinung von Doktor Hermann Paull
Alle zivilisierten Völker halten es für selbstverständlich, daß eine Niederkunft sich im Bett vollzieht.

Die Ultraschalluntersuchung – ein traumatisches Erlebnis

Wer hat noch nie dieses jammervolle Bild eines werdenden Vaters gesehen! Über einen Bürgersteig stolpernd, gebrochen, zitternd, mit leerem Blick, erbarmungswürdig mit dem Kopf wackelnd und sinnlose Wortfetzen vor sich hin stammelnd, versucht er ohne Erfolg, sich wieder in die Gewalt zu bekommen. Wer hat noch nie den triumphierenden Blick einer Gynäkologin gesehen, mit dem sie, nach erfolgter Ultraschalluntersuchung, ein junges Paar zur Tür geleitet? Die völlig am Boden zerstörten angehenden Jungeltern werden noch verfolgt von den nebulösen Bildern auf der Mattscheibe, die die Ärztin ihnen mit raffinierter Grausamkeit gedeutet hat.

Diese Szene spielt sich in einem Wartezimmer ab. Es ist völlig überfüllt mit hochschwangeren werdenden Müttern, die, große Flaschen kohlensäurefreien Mineralwassers in Händen, sich auf ihren Stühlen winden und mitleiderregende Stöhnlaute von sich geben. Natürlich sind auch einige werdende Väter anwesend. Diese versuchen verzweifelt, sie abzulenken. Hinter einer hermetisch verschlossenen Tür wartet die Frauenärztin wie eine Spinne in ihrem Netz. Sie hat die Lippen zu einem sadistischen Lächeln verzerrt. Ihre Zeit verbringt sie damit, Briefe zu beantworten oder mit einer befreundeten Kollegin zu telefonieren. Auf diese Weise leistet sie jener goldenen Regel ihres Berufsstandes Folge, die in großen Lettern über den Portalen aller medizinischen Fakultäten eingemeißelt ist: *Halte dich niemals an einen Termin* … sonst wäre das Ganze ja witzlos.

Und fiebernd wartet nun das junge Paar darauf, aufgerufen zu werden.

Sie sagen: Jetzt dauert es nicht mehr lange, Schatz. Denk an etwas anderes.

Sie antwortet: Was macht die bloß? Wir hatten um zehn nach sechs unseren Termin, und jetzt ist es fast sieben!

Sie: Hab noch ein bißchen Geduld, Schatz. Gleich sind wir dran.

Eine Patientin: Verzeihung, aber ich war vor Ihnen da, und ich war um sechs bestellt.

Eine andere Patientin: Und ich war um drei Viertel sechs bestellt.

Noch eine weitere Patientin (mit einer ganz schüchternen Stimme): Und ich hatte schon um halb sechs meinen Termin.

Ihre Frau (kurz vor dem Durchdrehen): Das halt ich nicht aus!

Sie: Nimm dich zusammen, Schatz. Ich schaue mal nach, was los ist.

Die Patientin: O ja, mein Herr. Bitte, tun Sie das!

Eine andere Patientin: Aber bitte, beeilen Sie sich!

Die Frauenärztin betritt plötzlich das Wartezimmer, durchbohrt mit ihrem Blick den werdenden Vater – der gerade dabei ist, aufzustehen –, danach die Patientinnen, deren Mineralwasserflaschen (ohne Kohlensäure) noch nicht ganz leer sind, und sagt: Die nächste Patientin, bitte. Und vergessen Sie nicht, meine Damen: Es ist unbedingt nötig, vor der Untersuchung mindestens anderthalb Liter Flüssigkeit zu trinken!

Der Chor der Patientinnen (sich wie ein *Mann ein großes Glas Wasser einschenkend)**: Jawohl, Frau Doktor.

* Man möge uns verzeihen, wenn wir dies so geschraubt ausdrücken.

Zwei Stunden vergehen. Sie stehen kurz vor dem Selbstmord. Die zukünftige junge Mutter hört nicht mehr auf zu stöhnen. Sie preßt ihre Beine zusammen in der vagen Hoffnung, das Unvermeidliche vermeiden zu können. Draußen regnet es. Das Geräusch des an die Fenster klopfenden Regens scheint das weibliche Publikum im Wartezimmer fast zum Wahnsinn zu treiben. Und genau in diesem Moment wird Ihnen klar, daß nichts, aber auch gar nichts in der Ausstattung dieses Wartezimmers dem Zufall überlassen wurde. Der Teppichboden ist uringelb, die Tapete ist grün wie Tümpelwasser, an der Wand hängen Meereslandschaften, und ein kleiner Zimmerbrunnen liefert einen suggestiven Geräuschhintergrund. Einfach hundsgemein.
Dann geht die Tür auf: plötzlich – wie immer. Und zwar genau dann, wenn man am wenigsten darauf gefaßt ist. »So, jetzt sind wir dran.« Mit diesen Worten blickt die Ärztin Ihnen direkt in die Augen. Dabei verzieht sie das Gesicht zu einer Grimasse, die man als Lächeln interpretieren könnte. Sie lügt. Wenn sie sagt: »Wir sind dran«, meint sie in Wirklichkeit: »Ihr seid dran«, und das sollte eigentlich heißen: »Sie sind dran« (... und damit sind wir gemeint).
Nun vergehen noch einige Minuten. Die Ärztin nutzt sie für ein weiteres grausames Spiel. Sie läßt die werdende Mutter zahllose Formulare für die Krankenkasse ausfüllen. Sie tut dies, obwohl sie genau weiß, daß bereits das Geräusch der Tinte, die in die Feder fließt, für die werdende Mutter einer raffinierten chinesischen Foltermethode gleichkommt.
Endlich fängt die Ultraschalluntersuchung an. Das staunende und eingeschüchterte junge Paar betritt ein verdunkeltes Zimmerchen. Es ist so eingerichtet, daß der werdende Vater keine andere Wahl hat (wenn er tatsächlich bis zum

Schluß dabeisein möchte), als sich gebeugt zwischen ein Onduloskop mit kumulativem Ionisometer – das ziemlich spitze und unangenehme Ecken hat – und den Arm des Fibroendokrinographgalgens zu stellen. In dieser besonders unangenehmen Haltung muß er nun verharren. Die Fachärztin bedient einige Minuten lang geheimnisvolle Hebel, Schalter und Knöpfe und legt dann auf den gewölbten Bauch der zukünftigen Mutter ein recht seltsames Ding. Plötzlich flackert der Bildschirm auf, und Sie werden geschockt.

Zum ersten Mal sehen Sie das Baby.

Es ist fast nicht auszuhalten. Denn Ihr Baby sieht aus wie das Fernsehprogramm zwischen zwei und fünf Uhr morgens. Nichts ... Nebel ... Sie reißen die Augen weit auf und versuchen vergeblich, irgend etwas zu erkennen. Die Ärztin jedoch murmelt etwas vor sich hin: »Na so was. Ooh ...« Bemerkungen, die Ihnen natürlich nicht entgehen.

Plötzlich ist alles vorüber. Das Licht geht wieder an. Sie erschrecken und stoßen sich den Kopf am Galgen des Fibroendokrinographen. Die werdende junge Mutter begreift überhaupt nichts mehr und stellt Fragen – jedoch ohne Erfolg. Es hat eigentlich gar keinen Zweck, aus der Ärztin kriegt man nichts heraus. Weder das Geschlecht des Kindes noch sonst etwas. Überhaupt nichts. Es wäre auch verwunderlich gewesen, wenn sie aus diesem unförmigen Nebel irgendwas wissenschaftlich Fundiertes hätte herauslesen können. Und doch vergeht noch eine halbe Stunde, in der die zukünftige Mutter verzweifelt versucht, ihr Wasser zu halten. Parallel dazu macht sich die Ärztin mit teuflischer Rücksichtslosigkeit seitenweise Notizen, die das Paar nie in seinem ganzen Leben zu Gesicht bekommen wird.

Normalerweise ist dies der Moment, in dem Ihre Frau zusammenbricht. Sie sagt: »Entschuldigung, Frau Doktor, kann ich jetzt auf die Toilette?« Und die Antwort der Ärztin ist: »Es tut mir leid, aber die Toiletten werden gerade repariert und können zur Zeit nicht benutzt werden.«
Unverschämtheit. *Unverschämtheit.*

Privatklinik oder Krankenhaus?

Wahrlich, eine schwerwiegende Wahl! Sie zieht viele Konsequenzen nach sich, und es müssen ganz persönliche und weltanschauliche Faktoren berücksichtigt werden! Die Klinik – das bedeutet Privatkasse, Geld, Liberalismus, das amerikanische System. Das Krankenhaus ist die öffentliche Hand, Gleichheit für alle, das Primat der Verwaltung mit einem Hauch ehemaliger sowjetischer Planwirtschaft – kurzum: Brigitte Freifrau von Stolzenhagen oder Lieschen Müller!

Unter diesen Umständen, geehrte Leser, werden Sie verstehen, daß wir die Entscheidung nicht für Sie treffen können. Die Entscheidung fällt Ihnen alleine zu. Aber wir werden trotzdem versuchen, Sie zu informieren, denn Information ist nicht zu verwechseln mit Manipulation. Die nun folgenden beiden Schilderungen werden Ihnen hoffentlich Ihre Entscheidung erleichtern. Das ist zumindest unser tiefempfundener Wunsch. Brigitte Freifrau von Stolzenhagen aus Regensburg hatte sich für eine Privatklinik entschieden.

Frau Lieschen Müller aus Darmstadt hingegen zog das Krankenhaus vor.

Die Privatklinik:

Als ich gewahr wurde, daß sich unser Baby in meinem Leib nicht mehr mit der gewohnten Vehemenz bewegte, hielt ich es für angebracht, meinen Gynäkologen in der Privatklinik von Prof. Dr. Dr. S. aufzusuchen. Christian-Alexander – mein Ehemann – rief an, um einen Termin zu vereinbaren. Bei dieser Gelegenheit sagte man ihm, er solle mich doch gleich vorbeibringen, ein Termin sei nicht nötig, ich könne sofort in die Sprechstunde kommen.

Gegen Mittag kamen wir in der Klinik an. Der kleine Parkplatz vor dem Hauptgebäude war völlig überfüllt. Glücklicherweise eilte sogleich ein junger Krankenpfleger auf uns zu und kümmerte sich um unseren Wagen. Wahrscheinlich hatte man ihm aufgetragen, auf uns zu warten, damit wir keine Zeit mit der Parkplatzsuche verlieren sollten.

Das städt. Krankenhaus:

Ich hatte so seltsame Schmerzen, die wirklich weh taten und die ganz plötzlich und überraschend immer wieder kamen. Und dann meinte Manni: »Geh doch einfach mal zu dem Doktor, der wo das Kind dann holen soll.« Er hat mich dann mit unserem Lada ins Krankenhaus gefahren, und dann auf dem einen Stück Kopfsteinpflaster, das hab ich schon ganz brutal gespürt.

Manni wollte dann mit dem Lada ins Krankenhaus rein, aber der Pförtner hat uns nicht gelassen. Das geht nicht, hat er gesagt. Wir haben ihm dann gesagt, daß ich schwanger bin und daß es mir nicht so gut geht. Aber der war richtig stur wie ein Panzer. Dann sind wir halt wieder weg und haben woanders einen Parkplatz gesucht, ziemlich weit weg, und dann mußten wir halt zu Fuß zurück.

Die Privatklinik:

Ich fühlte mich sofort erleichtert und geborgen, als wir durch das Portal der Klinik traten. Sie war in einem schönen Herrenhaus aus dem letzten Jahrhundert untergebracht. Das Interieur war perfekt: dicke Teppichböden, gerahmte Kinderzeichnungen an hellen Wänden, große Blumenfenster. Nichts erinnerte hier an das antiseptische und manchmal so sinistre Innere von Krankenhäusern. Das Personal war – wie auch bei meinen vorangegangenen Besuchen – sehr höflich und hilfsbereit. Die Hebamme, die mich während des bisherigen Schwangerschaftsverlaufs betreut hatte, tauchte plötzlich wie durch Zauberei vor uns auf. Sie strahlte wieder viel Mütterlichkeit aus, was mich sehr beruhigte. Es kam mir fast so vor, als würde ich ein Mitglied meiner eigenen Familie wiedertreffen.

Das städt. Krankenhaus:

Aber das Krankenhaus, also wirklich, wie so eine Kaserne! Kilometerlange Flure und dann überall die Treppen. Wie haben uns natürlich wieder verlaufen, wie das letzte Mal, und als wir dann die Entbindungsstation gefunden hatten, dann war die zu. Wegen Hygiene, weil, da war ein Virus, ein mysteriöser Virus – das hatten sie schon in der Zeitung gesagt –, und der hat den Babys dann so Fieber gemacht, und manche sind sogar dran gestorben. Aber das hat man alles erst später in der Zeitung gelesen, weil, in dem Moment, da hat uns natürlich keiner was gesagt. Also, ich will mich ja nicht beschweren, aber die Schwestern in dem Krankenhaus, die waren wirklich nicht nett. Immer aufgeregt, als ob man ihnen etwas gemacht hätte. Zum Glück war da so einer, der wo selber im Krankenhaus lag, und der hat uns dann bis zu dem hinteren Anbau geführt. Weil, da ist

Die Privatklinik:

Wir waren die einzigen Patienten im Wartezimmer und mußten uns nicht länger als fünf Minuten dort gedulden.

Das städt. Krankenhaus:

jetzt die neue Entbindungsstation. Er hat gesagt, es hätte doch auch auf dem Schild gestanden, aber gesehen hatten wir das nicht.
Und dann, da, wo man warten mußte, in einer Ecke, auf dem Treppenabsatz, hinter so 'nem Wandschirm, da waren schon drei. So 'ne dicke und eine andere Frau – die war ganz weiß – und ein alter Mann im Bademantel, und der hat die ganze Zeit geschimpft. Und die haben uns dort lange warten lassen. Da haben wir halt angefangen, uns zu unterhalten. Die dicke Frau, die war schon fast soweit mit dem Niederkommen, und die hatte eine Wahnsinnsangst, daß es weh tut.
Da hab ich gesagt, sie soll sich doch einfach 'ne Spritze geben lassen. Jedenfalls ich nehme auf alle Fälle eine. Und sie hat dann gesagt, daß ihre Schwester in dem Krankenhaus eine gekriegt hatte und daß das nicht geklappt hatte und sie hätte Schmerzen gehabt wie ein Vieh. Und

Die Privatklinik:

Das städt. Krankenhaus:

dann hat die andere – also diese ganz weiße Frau da – gesagt, daß sie eigentlich da war, um sich operieren zu lassen, weil, als sie das Kind gekriegt hatte, hatten sie sie mit dem Skalpell geschnitten, damit das Baby leichter rauskommt, aber er war jetzt nicht zugeheilt, der Schnitt, und ihr Mann, der war also allmählich böse und hat gesagt, wenn die das nicht in Ordnung bringen, dann täte er vor Gericht gehen. Nun, und die dicke Frau, die hat dann gesagt: Was halt gut ist in dem Krankenhaus, wenn mal was danebengeht, da haben sie die ganzen Maschinen da, wo man einen wiederbeleben kann. Und gerade in dem Moment sind sie gekommen und haben den alten Mann abgeholt, weil, die Stuhluntersuchung, das war woanders. Und sie haben gesagt, daß das ein Irrtum war, und da hat er erst richtig angefangen mit Schimpfen.

Die Privatklinik:

Prof. Dr. C. begrüßte uns in gewohnter Herzlichkeit. Er entschuldigte sich bei uns, daß er uns habe warten lassen, und erklärte, daß er so schnell wie möglich gekommen, aber in einen Stau geraten sei. In diesem Moment ging uns auf, daß er eigens für uns wieder in die Klinik zurückgekommen war und deshalb sogar sein Mittagessen unterbrochen hatte – was uns natürlich sehr peinlich war.

Das städt. Krankenhaus:

Nach drei Stunden hat dann so ein Junger mit Brille mich in so 'nen Abstellraum mitgenommen. Es war aber nicht derselbe Doktor wie das letzte Mal. Diesmal war es so ein kleiner, in einem zerknitterten Mantel, der nicht richtig rasiert war und müde aussah. Der andere, der war nämlich viel größer und dicker gewesen und hatte so richtig laut gesprochen. Ich hab ihm halt dann doch gesagt, daß ich das nicht gut finde, wenn man immer mit einem anderen Doktor zu tun hat, und dann hat er gesagt, ich soll doch in ein anderes Krankenhaus gehen, wenn mir das nicht paßt. Da hab ich dann gedacht, es war doch gut, daß mein Manni nicht mit reingekommen war, in das Zimmer, weil, sonst hätte er ihm sicher eins in die Schnauze gehauen, und das hätte bloß wieder Ärger gegeben.

Die Privatklinik: | *Das städt. Krankenhaus:*

Die ausdrückliche Warnung des
Doktor Hermann Paull
Die Gefahr geistiger Behinderung bei Kindern, die von Männern in betrunkenem Zustand gezeugt wurden, ist sehr groß.

Professor Doktor C. untersuchte mich dann kaum mehr als fünf Minuten, und plötzlich sah ich auf seinem Gesicht dieses warme Lächeln, auf das ich so sehr gehofft hatte. »Es ist alles völlig in Ordnung, gnädige Frau. Das Herz schlägt kräftig. Es wird ein kerngesundes Baby.«

Die halbe Portion hat mich dann auf eine Waage klettern lassen, und gleich hat er so richtig mit den Augen gerollt und angefangen, ganz wild in meinen Papieren zu blättern, die er dann doch schließlich wiedergefunden hatte. Und dann hat er sich fürchterlich aufgeregt: »Was?« hat er rumgeschrien, »Sie sind schwanger im fünften Monat und haben schon elf Kilo zugenommen? Was denken Sie sich eigentlich dabei? Wir reden uns hier den Mund fusselig, und Sie, was machen Sie ...?« Er hat mich angeschnauzt – ob ihr's glaubt oder nicht –, als wär ich der letzte Dreck. Anders kann man es nicht sagen. Der hat so rumgebrüllt, daß schließlich mein Manni reingekommen ist. Er war dann auch

Die Privatklinik:

Als wir wieder zu Hause waren, Christian-Alexander und ich, war ich gänzlich beruhigt und voller Lebensfreude. Ich fühlte wieder, wie sich mein kleines Baby in meinem Leib bewegte.

Das städt. Krankenhaus:

richtig wütend und ganz rot im Gesicht. Der andere wurde jetzt überheblich, so wie ein Professer Dokter, und am Ende mußte ein Pfleger dazwischengehen, sonst hätten sie sich gehauen. Wir sind dann gleich weg, und ich kann euch nur sagen, ich habe mich nicht besonders gefühlt.

Als wir dann wieder in unserem Lada saßen, da konnte sich der Manni einfach nicht beruhigen. Ich kriegte auch gleich wieder so richtige Krämpfe, und dann hab ich erst gemerkt, daß ich eigentlich im Krankenhaus mit gar niemand darüber gesprochen hatte. Da war's mir dann einfach zuviel, und ich mußte wieder heulen.

Beide Schilderungen wurden ungekürzt wiedergegeben, und um in keiner Weise Ihre Entscheidungsfreiheit zu schmälern, werden wir diesen Berichten nicht den geringsten Kommentar anfügen. Sie sollen unbeeinflußt Ihre Wahl treffen können. Krankenhaus? Privatklinik? Beide haben ihre Vorteile, das haben wir jetzt gesehen. Nun ist es an Ihnen, werte Leser, Ihre Wahl zu treffen. An Ihnen allein.

Sechster Monat

Schatz, es hat sich bewegt!

Feststellung von Doktor Hermann Paull

Um die zweiundzwanzigste Woche herum spürt die Frau zum ersten Mal die Bewegungen des Kindes. Sollte bislang noch ein Zweifel an der Schwangerschaft bestanden haben, so versteht es sich von selbst, daß es von nun an keine Zweifel mehr geben kann.

Tiefste Nacht. Alles ist ruhig, und Sie sind gerade eingeschlafen. Tief eingeschlafen. Sie versuchen, Kräfte zu sammeln für die Monate, die vor Ihnen liegen. Plötzlich zerreißt ein Schrei die Stille, reißt Sie aus Ihren Träumen, beschleunigt Ihren Puls, während eine feuchte, lauwarme Hand sich krampfhaft in Ihren Arm krallt – oder in Ihre Schulter, je nachdem, in welcher Haltung Sie schlafen.

Sie zögern nur einen Augenblick lang und sind auch schon bereit, in Ihre Hose zu springen und zum Auto zu hasten, um mit quietschenden Reifen Ihre Frau zur nächstgelegenen Entbindungsstation zu fahren. Aber dann werden Sie wieder Herr Ihrer Sinne, sie ist doch erst im sechsten Monat. Ruhig bleiben. *Ganz ruhig.* Achtung: Ihre Frau sagt jetzt wieder etwas. Sie hat die Augen weit aufgerissen, ein ekstatisches Lächeln auf den Lippen und bohrt weiterhin ihre Finger in Ihren Arm (oder in Ihre Schulter).

»Schatz, es hat sich bewegt!«

Jetzt ist Vorsicht geboten!

Machen Sie es auf keinen Fall wie Reinhold B. aus Köln-Troisdorf, der nicht richtig wach geworden war – oder diesen

Führer nicht gelesen hatte – und deshalb antwortete: »*Was* hat sich bewegt?«

An sich eigentlich eine ganz unschuldige Frage, die man ihm verzeihen könnte, insbesondere da der ganze Vorfall sich gegen drei Uhr morgens zutrug und der Unglückliche einen ziemlich harten Tag gehabt hatte. Bei der Berechnung der Geschäftskosten für das laufende Jahr hatte nämlich irgend jemand vergessen, die Mietkosten für das von der Firma seit Jahresanfang mitbenutzte Magazin im Hinterhaus mit einzuberechnen ... Fräulein Christa, die Buchhalterin, war gerade an diesem Tag in Urlaub gefahren, und zwar in den Club Méditerranée nach Marrakesch. Der arme Reinhold hatte wirklich andere Sachen im Kopf, aber seine Frau hat ihm das trotzdem nie so richtig verziehen. Ihr Sohn, Nikolaus, ist mittlerweile Notar in Langensteinbach – ein tragisches Schicksal, das vielleicht durch ein bißchen Geistesgegenwart hätte vermieden werden können.

Vergessen Sie niemals diese goldene Regel: *Seien Sie ab dem sechsten Monat ständig auf der Hut!*

Lassen Sie Ihre Gedanken nur noch um das Baby kreisen, leben Sie nur noch für das Baby, essen und atmen Sie »Baby«. Ihr Nachwuchs, der vorläufig erst einmal noch eine recht vage Idee in Ihrem Kopf und ein noch vageres, nebulöses Bild auf einem Ultraschallbildschirm ist, *hat angefangen, sich im Bauch Ihrer Frau zu bewegen.* Jeder werdende Vater, der diesen Namen zu Recht tragen will und dem daran gelegen ist, nicht als dieses Titels unwürdig beschimpft zu werden, wird es sich zur Regel machen, von nun an jeden Abend mehrere Minuten damit zu verbringen, in andächtiger Stille den Bauch der jungen Mutter zu betrachten, und zwar *ohne zu gähnen, ohne mit einem Auge in einen Krimi zu schielen und ohne einzuschlafen.*

Auf diese sehr berechtigte Frage möchten wir antworten, indem wir den Leserinnen und Lesern ins Gedächtnis rufen, daß es auf alle Fälle – und vor allem in Zweifelsfällen – immer angebracht ist, unschuldig dreinzuschauen und zu murmeln: »Oh! Na so was!« und damit zu beginnen, die werdende junge Mutter mit Küssen zu überhäufen. Und dies aus zwei Gründen:

Erstens kann das in der Mehrzahl aller Fälle schon ausreichen, sie zu beruhigen, und Ihnen somit das Recht geben, wieder einzuschlafen (und zwar vorzugsweise mit einer Hand auf ihrem Bauch – das gefällt immer!).

Zweitens gibt Ihnen das die Zeit, Ihre fünf Sinne zusammenzunehmen und – falls nötig – eine der Situation angemessene Antwort zu finden. Diese Antwort sollte auf alle Fälle eines oder mehrere der folgenden Stichworte enthalten: »na, so was«, »mein Schatz«, »was es heutzutage doch alles gibt«, »siehst du, ich gähne vor lauter Freude«.

Was kann »sich tun«?

Hallo! Sie! Okay, wir akzeptieren Ihre Erklärung, daß Sie etwas eingenickt sind, aber jetzt übertreiben Sie doch wohl ein bißchen. Also, wie lautet der Titel dieses Kapitels? Nun? Wir warten. Wie lautet der Titel?*

Also, der Fötus kann sich vierzig- bis einhundertmal pro Tag bewegen – oder bis zu zweihundertmal, wenn es sich um ein nervöses Kind handelt.

Vorsicht! Bewegung ist nicht gleich Bewegung! Es würde von wenig Eleganz zeugen – ja wäre vielleicht sogar beleidigend für die zukünftige Mutter –, eine Bewegung des Fötus mit einer durch eventuelle Blähungen hervorgerufenen Bewegung der Bauchdecke zu verwechseln.

Sollten Sie jedoch auf der Oberfläche des Bauches Ihrer Frau eine Beule auftauchen sehen, dann handelt es sich ohne Zweifel um den kleinen Lümmel. Vermeiden Sie es, durch Kneifen, Draufschlagen oder Kitzeln diese Beule wieder ausbügeln zu wollen. *Föten sind wehleidig, zerbrechlich und haben keinerlei Sinn für Humor.*

Sollte diese Beule andererseits irgendwo am Oberkörper Ihres besten Freundes auftauchen und sich langsam vergrößern, dann befinden Sie sich an Bord des Raumschiffes Nostromo, und ein Alien wird binnen kurzem auftauchen. Treten Sie zur Seite, es könnte sonst Flecken geben. Was Ihren Freund betrifft, so können Sie leider nichts mehr für ihn tun.

* »Schatz, es hat sich bewegt!«

*Hier noch einige amüsante Experimente
zu diesem Thema:*

Der geniale Doktor Feijoo hat in seinem Werk »Morgendämmerung der Sinne« bewiesen, daß Föten ab dem sechsten Monat tiefe Töne wahrnehmen können. Eine werdende Mutter erklärte sich zu diesem Zweck bereit, pausenlos dieselbe von einer Tuba gespielte Melodie aus »Peter und der Wolf« von Prokofiew anzuhören, und zwar bis zur Geburt des Kindes. Spielte man dem Kind nach der Geburt dieses Musikstück vor, so hörte es sofort auf zu weinen ... statt dessen brach seine Mutter in Tränen aus. Dies beweist zweierlei:

1. Die übertriebene Wiederholung von gewissen Experimenten kann katastrophale Auswirkungen auf das Nervensystem Ihrer Ehefrau haben, die – und das sei hier noch einmal in Erinnerung gebracht – dazu berufen ist, die Mutter Ihrer Kinder zu sein. Das sollte Sie zu einer gewissen Rücksichtnahme oder aber zumindest zu einer gewissen Vorsicht Ihrer Frau gegenüber veranlassen.
2. Der Fötus hört tiefe Töne sehr gut. Diese höchst wichtige Entdeckung eröffnet uns neue Perspektiven, uns, den werdenden Vätern, deren Stimmen normalerweise tiefer sind als die unserer heißgeliebten Ehefrauen – es sei denn, unsere Ehefrauen sind russische Hammerwerferinnen. Vom sechsten Monat an kann Ihr zukünftiges Baby Sie also hören. *Achten Sie deshalb auf das, was Sie sagen.*

Nehmen wir uns ein Beispiel an Herrn Gustav F., der es auf sich nahm, jeden Abend, wenn er von der Arbeit nach Hause kam, mit seiner jungen Frau ausschließlich Englisch zu sprechen – und zwar mit einer tiefen Stimme. Drei Jahre nach seiner Geburt besaß das Kind von Herrn und Frau F. bereits eine solide Grundkenntnis dieser Sprache, und heute spricht es Englisch wie ein Lord. Die Tatsache, daß Gustav F. in London wohnt und mit einer Engländerin verheiratet ist, schmälert unseres Erachtens keineswegs den Erfolg seines Experiments.

Die Wahl des Vornamens

Dies ist eine entscheidende Etappe, die die Zukunft Ihres Kindes tatsächlich in gewisser Weise beeinflussen kann. Leider aber geht man an sie meist zu oberflächlich heran. Wir können uns sehr gut vorstellen, wie die beiden werdenden Elternteile verliebt ihre Köpfe zusammenstecken. Sie brüten über den verschiedensten Büchern, Almanachen, Broschüren und Fotokopien, die sich mit der alten und ewig neuen Frage der Namenswahl beschäftigen.

– Und wie wäre es mit Hans-Detlef, Schatz?
– Gar nicht übel, Liebes, aber mir wäre eigentlich Mambo lieber.

Der Vorname darf nicht nur als eine Zierde der Person angesehen werden. Er ist mehr als eine nette Ouvertüre zum Familiennamen, eine Anhäufung harmonischer Silben, die im Ohr gut klingen ... viel mehr. Seine vornehmste Eigenschaft ist nämlich seine Aussagekraft über die Person, die ihn trägt, und wir würden ganz gern hinzufügen – wenn Sie erlauben –, daß er eine ziemlich prägende Aussagekraft haben kann. Es genügt schon, einen bestimmten Vornamen zu schreiben oder auszusprechen, und automatisch hat man eine ganze Reihe bestimmter Assoziationen im Hinterkopf. Erbarmungslos offenbart der Vorname, was Sie sind oder was Sie nicht sind.
Zunächst einmal hat er eine geographische Aussagekraft oder aber eine ethnische, rassische oder wie auch immer. Bei Rachel denkt man an die jüdisch-hebräische Welt, wäh-

rend man bei Ali sofort an Islam oder bei Christian-Dominique an Schwarzafrika denkt (vor allem in der Kombination mit dem Nachnamen M'Goumba). Wenn eine recht typische Familie, zum Beispiel die Lodendorfs, ihrem Neugeborenen einen ziemlich exotischen Vornamen verpassen wollen, steht dem eigentlich nichts entgegen, außer vielleicht ein paar humorlosen Standesbeamten, die auf ihre Vorschriften pochen. Aber es sei an dieser Stelle erneut die Warnung ausgesprochen, daß jede Wahl ihre ganz eigene Aussagekraft hat.

Sollte ein kleiner Iwan Lodendorf seine ersten Schreie laut werden lassen, dann wird man den Vater sofort (insbesondere aufgrund der jüngsten politischen Ereignisse) als unbelehrbaren Nostalgiekommunisten einstufen, und zwar mit genauso tödlicher Sicherheit, als würde er am hellichten Tage hinter dem Steuer eines Moskowitch durch seinen Stadtteil fahren. Ist es vernünftig, sich zum gegenwärtigen Zeitpunkt solch ein Etikett anheften zu lassen?

Sollte das Goldkind jedoch den Namen Elvis bekommen, dann werden sich die Leute sicher an die Zeit zurückerinnern, in der Vater Lodendorf als Hausbesetzer die Dachgeschosse der Altstadtsanierungsgebiete unsicher machte und die Rentner kopfscheu, wenn er mit seinem Motorrad, seiner offenen, mit Nieten besetzten Lederjacke und seiner im Fahrtwind flatternden Presleytolle durch die Gegend preschte.

Ist es wirklich nötig, diese Vergangenheit nochmals aufleben zu lassen? Insbesondere jetzt, da Herr Lodendorf stellvertretender Kundenberater bei der Kommunalen Kreditbank in der Kaiserallee ist?

Ganz allgemein gesagt, wie groß auch immer die Bewunderung sein mag, die man für das Vaterland von Adriano Celentano, von Julio Iglesias oder von Clint Eastwood hegt, es wäre sinnvoll, seinen Sohn nicht Luigi Lodendorf, Ramon Lodendorf oder auch John Lodendorf junior zu nennen, insbesondere da sich all diese Kombinationen, genauer betrachtet, etwas vulgär anhören.

Und nun noch ein wichtiger Hinweis:

Es ist uns bekannt, daß einige unserer Leser an ihrem eigenen Geschmack, an ihrer Fähigkeit zweifeln, einen cleveren und schicken Vornamen auszuwählen, der aus ihrem Kind eine Person mit Stil machen würde. Sie fürchten – nicht ohne Grund –, in die furchtbarste Gewöhnlichkeit zu verfallen oder aber in eine billige Mittelmäßigkeit. Hier sei ein kleiner Rat erteilt, der es Ihnen ermöglichen wird, das Schlimmste zu verhüten.

Schauen Sie sich regelmäßig im ZDF »Dingsda« an, diese goldige Sendung mit dem sympathischen Fritz Egner. Stellen Sie dann geduldig eine Namensliste all der niedlichen Kinder auf, die dort im Fernsehen auftreten. So, der schwierigste Teil wäre damit geschafft. Wenn dann schließlich diese große Entscheidung zu treffen ist, dann brauchen Sie nur noch – *und das ist die wesentliche Bedingung* – einen Namen auszusuchen, der *nicht* auf dieser Liste vorkommt. Dann können Sie nicht falsch liegen.

Also, machen wir uns nichts mehr vor: der Vorname ist Träger eines starken sozial diskriminierenden Potentials. Maximilian-François erinnert zum Beispiel an den diskreten Luxus einer dahingegangenen, feudalistischen Epoche. Bei der Nennung des Namens Rudi hingegen tauchen vor unserem geistigen Auge lediglich Bilder von Streikposten vor verrauchten Fabriken sowie das Pokneifen und Rülpsen bei Tisch auf. Kleiner Unterschied, große Wirkung.

Aber hieraus dürfen wir natürlich nicht den vereinfachenden Schluß ziehen, daß es genügt, unserem Stammhalter einen Doppelnamen aus der High Society zu geben, um ihn, wie

mit einem Zauberstab, in eine höhere soziale Klasse zu katapultieren. Sie werden uns zustimmen, daß Oskar-Wilhelm ein sehr stilvoller Vorname ist, aber was ist von Heinz-Rüdiger oder Erna-Maria zu halten?
Andererseits gibt es auch Vornamen, die eine gewisse magische Kraft zu haben scheinen und die das Schicksal ihrer Träger beeinflussen können. Ohne Hellseher sein zu müssen, kann man getrost sein gesamtes Vermögen darauf verwetten, daß ein Junge mit dem Vornamen Napoleon es im Leben weit bringen wird. Er wird mit fliegenden Fahnen von Sieg zu Sieg eilen, bevor er ein einsames Ende nehmen wird. Ein leuchtendes Beispiel für solch einen Lebenslauf ist unter anderem Napoleon Bonaparte.
Noch andere Vornamen tragen solch ein unauslöschliches Siegel und verschaffen ihren Trägern von vornherein einen gewissen, nicht zu unterschätzenden Ruf. Man wird sich immer leicht unwohl fühlen, wenn man jemanden namens Nero zu Gast hat, besonders dann, wenn man in einer ziemlich trockenen und durch Waldbrände sehr gefährdeten Gegend lebt. Und vor einem Attila werden sich die Leute immer in acht nehmen, möge er auch der liebste und zartfühlendste aller Menschen sein. Einem Dschingis wird man a priori aus dem Weg gehen, und ein Josef Vissarionowitsch wird wahrscheinlich gemieden werden wie die Pest.
Man darf aber das Mißtrauen nicht zu weit treiben. Bei dem Vornamen Karl denkt man nicht unbedingt gleich an »den Großen« und bei Otto nicht gleich an »von Bismarck«. Natürlich darf auch eine andere Kategorie von Vornamen nicht vergessen werden. Es handelt sich hierbei um jene Vornamen, die sich direkt auf verschiedene Mythologien der Altvorderen beziehen oder aber auf leuchtende Epochen unserer Vergangenheit. Ein Junge namens Kain wird sicherlich mit einem mißtrauischen Auge betrachtet

werden. Achilles wird später sicher ein berühmter Sportler, und wahrscheinlich werden sich viele Fans an seine Fersen heften. Siegfried wird als unbesiegbar gelten ... Jemandem mit dem Namen Krösus wird man Reichtum unterstellen, und von einem Hiob wird man immer annehmen, daß er gerade eine schlechte Nachricht erhalten hat. Bei einem Adam wird man versucht sein, seine Rippen zu zählen, und man wird sich sicher vor einem Eugen in acht nehmen, besonders wenn sein Familienname Prinz lautet, man selber türkischer Herkunft ist und befürchtet, vor Wien aufgehalten zu werden.

Nun noch eine kleine Bemerkung zu einem wirklich schönen Vornamen, der leider viel zu selten vergeben wird: Apollo. Apollo hat an sich nichts Lächerliches, im Gegenteil, symbolisiert er doch die fleischgewordene Schönheit. Aber aus eben diesem Grund wirkt er geradezu grotesk, wenn man ihn einem häßlichen Kind gibt. Man wird uns vielleicht entgegenhalten, daß es sehr schwierig ist, sich das Äußere seines eigenen Kindes schon vor der Geburt vorzustellen, aber das ist falsch. Um eine ziemlich genaue Vorstellung vom Aussehen ihres Kindes zu haben, reicht es völlig aus, wenn die Eltern sich in einem Spiegel betrachten und sich dabei sagen: »Von nichts kommt nichts.«

Und nun das Tüpfelchen auf dem i des Doktor Hermann Paull

Eine echte Frau fühlt sich nie glücklicher als dann, wenn sie jegliche Entscheidung ihrem Mann überläßt – dem Mann, den sie liebt –, und zwar sowohl was die großen Probleme des Lebens allgemein betrifft als auch jene kleinen, ganz alltäglichen.

Mittlerweile ist Ihnen wohl klargeworden, daß die Wahl eines Vornamens gar nicht so einfach ist, vor allen Dingen weil Sie, lieber Leser, sich zu diesem Thema ihre eigene Meinung gebildet haben und Ihre Partnerin die Ihre, die natürlich – glauben Sie mir – völlig irrelevant ist. Machen Sie sich also nichts vor: es wird einen Konflikt geben, endlose Debatten und Streitereien, das ist so sicher wie das Amen in der Kirche ... und natürlich höchst ärgerlich.
Es gibt allerdings eine Grundregel, auf die Sie sich mit Ihrer Frau unbedingt einigen sollten. Diese Regel besagt, daß man auf ein gutes Gleichgewicht im Gesamtnamen achten sollte. Sie beruht auf einem einfachen Prinzip: Für einen langen Familiennamen wählt man am besten einen kurzen Vornamen und umgekehrt. Mit anderen Worten: wenn Ihr Familienname mehr als drei Silben hat, dann sollte der Vorname Ihres Kindes aus nicht mehr als zwei Silben bestehen. Das Maß zwei zu zwei ist der wirklich goldene Mittelweg, was das Ganze betrifft.

Hier nun Beispiele für ein sehr gelungenes Gleichgewicht:

- Jean-Louis Festjens,
- Pierre Antilogus (Ihre sehr ergebenen Autoren),

Beispiele für krasseste Zielverfehlungen:

- Philibert Ratsimandravaravoahanguy (madegassischer Patriot),
- Vigdis Finnbogadottir (isländische Staatspräsidentin).

Und zum Schluß noch ein letzter Rat, der für Sie wie ein Hoffnungsschimmer im Nebel der Ungewißheit, wie eine Oase der Frische in einer Wüste der Vaterschaft sein wird:

Wenn es darum geht, die Geburt des Kindes auf dem nächstgelegenen Standesamt anzumelden, wird Ihre Frau noch ans Kindbett gefesselt sein. Sie sind also derjenige, dem diese administrative Aufgabe zufällt, und folglich sind Sie es – und zwar Sie allein –, der schließlich in letzter Instanz über den Vornamen des Kindes entscheidet. Wer kann da noch sagen, daß das Leben uns nur unangenehme Streiche spielt?

Auf die Plätze, fertig ...?

Die Rubrik von Arnulf Weizenegger*

Muskelrisse, Zerrungen, Sehnenscheidenentzündungen, Verstauchungen: die Krankenhäuser sind voll von jungen Vätern, die sich körperlich nicht richtig auf ihre neue Aufgabe vorbereitet haben. Voller Begeisterung gehen einige von ihnen mehrere Minuten lang gänzlich unüberlegt mit Babys von einem Gewicht von drei, vier oder sogar fünf Kilos um, und das ohne ihre Muskeln vorher richtig aufgewärmt zu haben. In mehr als dreiundsechzig Prozent aller Fälle kommt es dann dazu, daß das freudige Ereignis durch einen »Unfall« getrübt wird.

Wir alle erinnern uns noch an den Fall von Robert K. aus Durmersheim: Als er während des »Hoppe-hoppe, Reiter«-Spiels mit seiner kleinen Tochter Helena-Olivia plötzlich Opfer eines Krampfs wurde, ließ er das kleine Mädchen wirklich in den Graben fallen. Der klassischen Schulmedizin war es nicht möglich, das von diesem Kind erlittene Trauma zu heilen, und das Mädchen ist mittlerweile einer kommunistischen Jugendorganisation beigetreten. Ein Unglück, das ein auf die Situation abgestimmtes Training hätte vermeiden helfen.

Da das Ziel dieses Handbuches vor allem praktische Hinweise sind, haben wir unseren Freund Arnulf Weizenegger gebeten, für Sie ein tägliches Trainingsprogramm zusammen-

* Dreifacher Mister Apollo bei den niederbayerischen Gemeindemeisterschaften – er ist auch der Autor des Werkes: »Bodybuilding, Ackerbau und Viehzucht«, erschienen im Verlag Dröhner und Kauer, 1986.

zustellen, das es Ihnen ermöglichen sollte, allen Situationen gerecht zu werden.

Oberschenkel – Unterschenkel

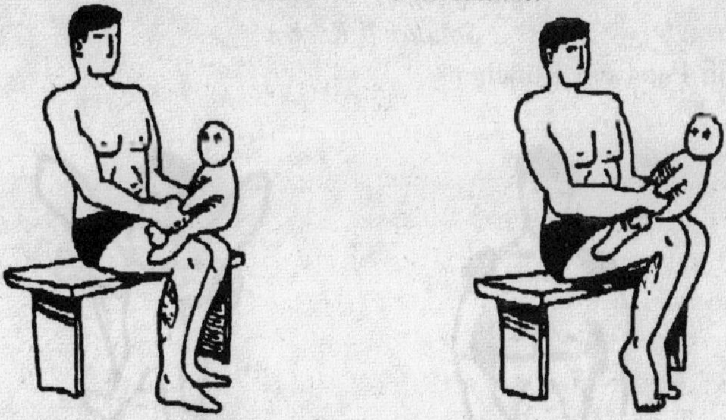

»Hoppe-hoppe, Reiter – Wenn er fällt, dann schreit er«. Beugen und Strecken des Musculus gastrocuemius und des Musculus vastus lateralis. Kontraktion des großen Beugers. Drei Serien zu je zehn Beugungen mit einer Vier-Kilo-Puppe.

Arme

»Schatz, holst du mir einen neuen Karton Windeln aus dem Keller?«

Armziehen beidseitig. Arbeit am Bizeps. Sieben Serien zu jeweils sieben Zügen mit einem Fünf-Kilo-Karton Wegwerfwindeln.

Schulter – Rücken

»Gib Papa ein Küßchen«

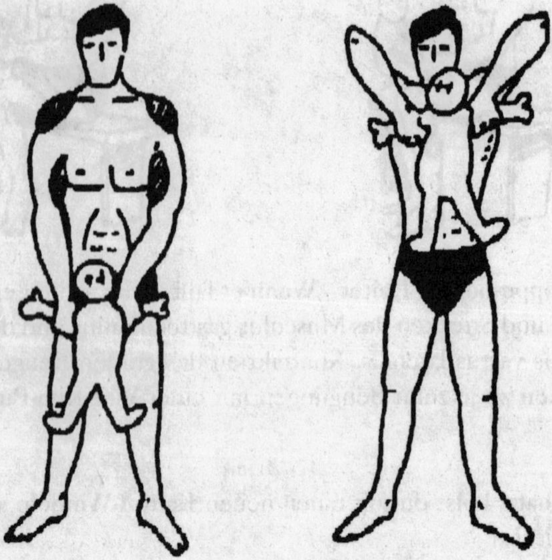

Anwinkeln und Ausstrecken der Arme. Arbeit des Musculus trapezius, des Musculus deltoides und des Musculus rectus abdominis. Fünf Serien von jeweils fünf Küßchen mit einer vier Kilo schweren Puppe.

Kinderzimmer und Zubehör

Nun ist es an der Zeit, die letzten Vorbereitungen zu treffen, und dies bei bester Laune, das versteht sich von selbst. Sicherheit, Organisation und Kaltblütigkeit lautet Ihr Motto als werdender Vater für diese letzte fußangelreiche Phase. Was dieses Thema angeht, liegen drei Bemerkungen auf der Hand:

1. Da das Neugeborene wahrscheinlich nicht mehr als höchstens fünfzig Zentimeter messen wird, ist die Versuchung groß – vor allem, wenn man an die herrschende Wohnungsnot denkt –, ihn oder sie in einem Schuhschrank oder in einer eigens dafür ausgelegten Schublade unterzubringen. Das wäre ein großer Fehler: *Trotz seiner lächerlich geringen Größe braucht das Baby viel Raum.*

Wie alle anderen Lebewesen, die auf dem Antlitz der Erde herumkreuchen und -fleuchen, braucht es seinen Anteil an Luft, Licht, Sonne und Raum. Dies bedeutet im Endeffekt, daß das Zimmer des neuen Erdenbürgers – denn es ist eigentlich schon nötig, ein Extrazimmer für ihn vorzusehen – zumindest einige Quadratmeter groß sein muß. Es sollte über eine funktionierende Heizung und ein Fenster, eine Dachluke oder eine sonstige, lichtdurchlässige Öffnung verfügen.

Hierzu Dr. Hermann Paull

Das Bett ist so aufzustellen, daß es gleichmäßig von Licht umgeben wird, da es sonst beim Kind zum Auftreten von Augenfehlern (Schielen) kommen kann.

2. Obwohl das Baby zu Anfang nur zwergenhaft kleine Organe und Gliedmaßen zur Verfügung hat, die noch nicht ganz entwickelt sind – ja die zum Teil nur andeutungsweise vorhanden zu sein scheinen –, ist es vom ersten Augenblick an imstande, in ohrenbetäubendes Gebrüll auszubrechen. Wir werden uns im übrigen mit diesem Phänomen noch näher beschäftigen. In der Zwischenzeit – was müssen wir daraus ableiten? Es ist ratsam, das Baby so weit wie möglich von dem elterlichen Zimmer entfernt unterzubringen.

Leichter gesagt als getan! Wir hören schon das Protestgeschrei derer, die mit einer Zwei-Zimmer-Küche-Wohnung vorliebnehmen müssen. In dieses Protestgeschrei werden auch die Bewohner echter Sozialwohnungen und das riesige Heer der schlecht Untergebrachten einstimmen. Was kann man ihnen allen antworten?
Unser Herz krampft sich bei dem Gedanken zusammen. Not macht erfinderisch, und unter dem Zwang der Umstände hat man schon sehr eingeengte Paare erlebt, die ihren Nachkömmling auf dem Treppenabsatz zwischengelagert haben.
Andere hingegen nehmen das Schlimmste mit einer Art morbider Euphorie in Kauf und stellen die so verflixt sperrige Wiege ihres Kleinkindes an das Fußende ihres eigenen Bettes. Die Unglücklichen! Beim kleinsten Schmatzgeräusch, beim leisesten Jammern, beim geringsten Sauggeräusch werden sie aufschrecken – und solche Geräusche fabrizieren diese kleinen

Wesen mit einer seltsamen Hartnäckigkeit, vor allen Dingen nachts, wo der geringste Laut ungeahnte Ausmaße annimmt. Es stimmt, daß einige Kinder weniger schreien als andere, und es ist auch eine Tatsache, daß man sich schließlich an alles mögliche gewöhnt. Darüber hinaus steht in der Bibel geschrieben: »Die Ersten werden die Letzten sein. Wer geduldig sein Los erträgt, wird zur Rechten des Vaters sitzen.« Das ist eine Aussicht, mit der sich der junge Vater – dem es in seinen eigenen vier Wänden zu eng geworden ist – trösten kann.

3. Das neugeborene Kind hat im eigentlichen Wortsinn noch keine kritische Einstellung den Dingen gegenüber, aber wie jedes menschliche Wesen hat es in seinem Inneren einen göttlichen Funken – es wird vom Schönen angezogen. Es besitzt einen angeborenen Geschmack für die Perfektion der Formen und Farben.

Folglich sollte man dem Kind einen zu häßlichen Rahmen ersparen. Abblätternde Farbe, Risse im Gips, billigste Teppichböden, rauh wie Sandpapier: genau diese Dinge sollte man aus dem Kinderzimmer verbannen, denn ein Kind sollte nicht unbedingt in einer Armenhaus-Atmosphäre à la Charles Dickens aufgezogen werden. Nicht unbedingt. Oder zumindest nicht gleich!

Welche Farben sollte man aussuchen?

- Das Kinderzimmer eines Säuglings sollte man niemals rot, schwarz oder in einer anderen aggressiven Farbe streichen. Es sei denn, man möchte unbedingt einen Neurotiker aufziehen.
- Orange wird empfohlen, wenn es sich um ein kleines Mädchen handelt, das später als Kassiererin bei C & A oder in einem Drogeriemarkt arbeiten soll.

– Königsblau ist die geeignete Farbe für das Kinderzimmer des Jungen, dem eine Karriere in der Marine bevorstehen soll.
– Und schließlich sollte gebranntes Siena als Farbe vor allem in Gebäuden vermieden werden, die nicht sehr feuerfest sind.

Zusammenfassend läßt sich sagen, daß das Kleinkind sich ganz besonders zu Pastellfarben hingezogen fühlt. Zu Pastellfarben und zu Tapeten mit Kitschmotiven: hüpfenden Häschen, lächelnden Schweinchen, idiotisch nebeneinander in Friesen aufgereihten Gänsen und den unterschiedlichsten, total beschränkt aussehenden Personen. All diese Fakten wird man sich in Erinnerung rufen müssen, bevor man mit den eigentlichen Umbauarbeiten beginnt.

Das Zimmer wirkt nun hübsch, frisch und adrett. Alles ist neu und bereit, den goldigen kleinen Gast aufzunehmen. Ist auch wirklich alles bereit? Nein! Das Zimmer muß noch eingerichtet werden, es muß noch mit den nötigen Accessoires versehen werden. Gehen wir schnell die Liste der wenigen Gegenstände durch, die im Zimmer vorhanden sein müssen, bevor Baby dort einziehen kann.

– 1 Wickelkommode
– 1 Wiege
– 1 Gitterbettchen (für später)
– 1 lustiges, farbenfrohes Mobile, das über dem Bettchen angebracht wird
– 1 Gitterpolster, damit sich Baby das Köpfchen nicht anstoßen kann
– 6 Baby-Bettücher und mindestens 3 Bettbezüge
– 2 Decken

- 1 wasserdichte Betteinlage
- 1 Klappbett (falls man Freunde auf dem Lande oder anderswo besuchen möchte)
- 1 Krawatte
- 1 Schrank
- 1 Babywippe
- 6 Schlafanzüge
- 2 Overall-Pyjamas
- 6 Baumwolljäckchen
- 6 Wolljäckchen
- 3 Paar Schühchen
- 3 Paar Kratzfäustlinge
- 3 Mützchen
- 1 Cowboy-Hut
- 6 Lätzchen (oder sogar mehr)
- 1 Anorak (ähnlich wie ein Skianzug)
- 1 Babytragekorb
- 1 Kinderwagen
- 1 zusammenlegbarer Sportwagen (für später)
- 1 kleiner Strampler
- 1 Rückentrage (falls das Rückgrat von Vati stabil genug dafür sein sollte)
- ein riesiges Paket (3 bis 5 Kilo) Wegwerfwindeln
- ein großer Vorrat an Watte
- ein mittelgroßer See Babymilch
- ein Vorrat an Mullseiflappen und Reinigungstüchern
- 20 Schachteln Aspirin Junior (und die doppelte Menge Aspirin für Erwachsene)
- 10 Zäpfchen für die ersten Erkältungen
- 1 Thermometer für das erste Fieber
- 1 Tube Vaseline (für Thermometer und Zäpfchen)
- 1 großer Kanister isotonische Kochsalzlösung
- 1 Fläschchen Eosin (fragen Sie Ihren Apotheker, was das ist)

- 1 Fläschchen sechzigprozentiger Alkohol (für die Nabeldesinfektion)
- 1 Stapel sterile Brusttücher (für Mutti)
- 2 Tuben Babycreme (für das Popöchen)
- 1 Schachtel Antikaries-Tabletten (für die kommenden Zähne des Babys)
- Knaurs »Großes Baby-Buch« (kaufen Sie es nicht, Sie werden sicher mehrere davon als Geschenk bekommen)
- 1 kleine Plastikbadewanne
- 1 Babyseife
- 1 Reserverad
- 1 Babyshampoo
- 1 Badethermometer
- 1 Naturhaarbürste
- 1 kleine Nagelschere
- 5 bis 6 Plüschtiere
- 6 Austerngabeln
- 3 oder 4 Babyrasseln
- 20 Mullwindeln
- 6 Glasflaschen (falls die Mutter nicht stillt)
- 12 Glasflaschen (falls die Eltern ungeschickt sind)
- 12 Plastikflaschen (falls die Eltern sehr ungeschickt sind)
- 1 Satz Sauger
- 1 Sterilisationsgerät
- 1 Flaschenwärmer
- 1 große Menge Mineralwasser
- 1 Flaschenbürste
- 2 große Pakete Säuglings-Milchnahrung
- 6 Gläschen Karottenpüree (für den Fall eines (Durch-)Falles)
- 6 Gläschen Dörrobst (gegen Verstopfung)
- 1 große Tragetasche (für seltene Ausflüge)
- 6 Tonnen antiallergisches Waschpulver

- Tavor, Tranxilium oder Valium in rauhen Mengen
- und vor allen Dingen, *vor allen Dingen*: 10 große Schachteln Ohropax.

Diese Liste ist natürlich nicht komplett, und im Laufe der Zeit wird jeder einzelne hier oder da auf Mängel stoßen. Dafür möchten wir uns an dieser Stelle schon jetzt entschuldigen: Um diejenigen, die einer Vaterschaft noch eher zögernd gegenüberstehen, nicht von vornherein abzuschrekken, haben wir darauf verzichtet, die Gesamtkosten dieser vergleichsweise knapp kalkulierten Grundausstattung aufzuschlüsseln. Wenn Sie einen realistischen Kostenvoranschlag haben möchten, wenden Sie sich doch einfach an irgendeinen jungen Vater in Ihrer Umgebung.
Aber, sehr geehrte Leser, damit Sie es bloß wissen: wenn man in aller Ruhe an die Sache herangeht, dann ist das Einrichten eines Kinderzimmers eine schiere Freude, und auch die nötigen Einkäufe werden gern erledigt. Sollte man sich aber erst im letzten Moment nervös und ganz auf Improvisation setzend daranmachen, dann kann das Ganze zu einem Scheidungsgrund werden, was eigentlich doch wieder schade wäre. Also bitte ...!

Praktische Anmerkungen

Zur weiteren Information empfehlen wir folgende Bücher:
Neuropathie und Bluthochdruck während der Schwangerschaft, erschienen bei Press. Med. no. 24, 18. Mai 1963
Sie haben ein Kasperle in der Schublade von Dr. Van de Velde, Solar 1987
Knaurs Großes Baby-Buch von Sybil Gräfin Schönfeldt, Droemer-Knaur Verlag
Warten auf Godot von Thomas Beckett, Oxford Univ. Press
Der Vater, Drama in 3 Akten von A. Strindberg, 1887.

Filmtips

Mutterschaft (Frankreich 1934, 87 Min., dramatische Komödie). Ein Film von Jean Choux mit Françoise Rosay, Hella Muller und Thérèse Reigner.
Eine minderjährige Mutter hat Probleme.
Jack the Ripper in New York (Italien 1982, 90 Min., Melodram). Ein Film von Lucio Fulci mit Jack Hedley und Almanta Keller. In dem Film geht es um die Aufklärung einer schrecklichen Mordserie.
Muttertag (Deutschland 1936, 45 Min., Komödie).
Ein Film von Erwin von Schneidman und Hans Reinhart Pfeiffer mit Heinz Rührmann und Marlene Schlüssel.
Ein deutsches Mädchen vergißt den Muttertag seiner deutschen Mutter und versucht, mit Hilfe des deutschen Vaters noch schnell ein Geschenk zu basteln.

Wichtige Adressen

Baby Boutique, 148 Schloßstraße, Niefern. Bei Vorlage dieses Buches erhalten Sie fünfzig Prozent Nachlaß auf Jäckchen, Boxer-shorts und Klappbetten.
Deutsche Gesellschaft zur Verhinderung der Verbreitung von Geschlechtskrankheiten, Robert-Koch-Institut, Petrischalenstraße 25, Berlin 1.

Die Geburt, ein wesentlicher Schritt auf dem Weg zur Vaterschaft

Es ist leichter, ein Kind in die Welt zu setzen,
als einen unerwünschten Mieter auf die Straße.

Peter der Erste von Serbien

Damals, in der guten alten, noch gar nicht so lange zurückliegenden Zeit, bevor sich unsere Sitten und Gebräuche in so ungünstiger und überteuerter Weise geändert haben, spielte der Ehemann wohl eher eine Statistenrolle. Oftmals hielt man ihn von seiner Frau fern, und er stand ganz im Schatten der Schwiegermutter. Und so wartete er in deutlicher Unruhe auf den Tag der Niederkunft.

Während der eigentlichen Geburt wurde er des Kreißsaales verwiesen. Er wurde ins Exil geschickt: in irgendwelche langen Flure. Dort versuchte er dann den zähen Fluß der Zeit durch Kettenrauchen zu beschleunigen. Er hatte ein schlechtes Gewissen. Ihm blieb nichts, als jedesmal, wenn er zögernd und unsicheren Schrittes an der Tür vorbeikam, hinter der sich das Unvermeidliche abspielte, die Ohren zu spitzen. Die Schreie, die dort herausdrangen, waren – obwohl meist nur schwach hörbar – nicht dazu angetan, seine Aufregung zu besänftigen und sein Gewissen zu beruhigen. Er sah erbärmlich, ja oft sogar lächerlich aus.

Und heutzutage? Nun, es muß einmal deutlich gesagt werden: es hat sich eigentlich nichts geändert. Wir, die werdenden jungen Väter, wir sind immer noch genauso verängstigt, und unser Zustand ist immer noch genauso erbarmungswürdig oder lächerlich. Aber wir haben nicht einmal mehr das Recht zur Flucht in unsere weit entfernten Flure. Von nun an müssen wir allem beiwohnen, und zwar »live«, in der ersten Reihe … und das ist schrecklich.

Gegen Ende des neunten Schwangerschaftsmonats bemerkt man bei der zukünftigen jungen Mutter sehr oft eine gewisse Nervosität sowie eine ausgeprägte Tendenz zur Eigenbrötlerei. Jetzt beginnt eine schwierige Zeit für den zukünftigen Vater, der mehrmals um seine Pantoffeln und sein Bier bitten muß, wenn er von der Arbeit kommt. Glücklicherweise – und in diesem Punkt stimmen alle Statistiken überein – wird dieser schicksalsschwere neunte Monat allgemein als der geeignetste Zeitpunkt angesehen, das Kind auf die Welt zu bringen. Und zwar selbst zu einer Jahreszeit, in der das Kleine sich eigentlich im Bauch seiner Mutti viel wohler fühlt als draußen, wo ein scheußliches Wetter herrscht.

Meistens läuft, was sich nun ereignet, frühmorgens ab. Wenn Sie selbst wie ein Zombie zwischen Schlaf und Wachsein schweben. Und was kommt dann, werden Sie fragen. Das hängt einzig und allein von Ihrer Frau ab.

Die Hysterikerin zum Beispiel wird plötzlich einen ohrenbetäubenden Schrei ausstoßen, Sie packen und wie einen alten Sack schütteln. Es bleibt Ihnen nichts anderes übrig, als sich verzweifelt an Ihr Kissen zu klammern, um nicht aus dem Bett zu fallen. Wahrscheinlich kreischt sie: »Es ist soweit! Gerade hatte ich die ersten Wehen. Es war wahnsinnig schmerzhaft. Das ist einfach toll!«

Eine Nervensäge wird ihre ersten Wehen gegen zwei Uhr morgens bekommen und diesen Vorgang wahrscheinlich mit dem Abgang des Fruchtwassers verbinden und so Ihr Bett in eine Badewanne verwandeln. Insgesamt gesehen also eine relativ unangenehme Erfahrung.

Der Patientinnentyp schließlich wird Sie nicht direkt aufwecken. Sie werden im Morgengrauen von alleine plötzlich aufschrecken und hören, wie sie mit ihrem Gynäkologen telefoniert. »Doktor, mein Muttermund ist schon drei Zentimeter weit offen«, wird sie mit gebrochener Stimme stöhnen.

Jeder normal empfindende werdende Vater wäre vom Fortgang der Ereignisse danach völlig überrascht. Nicht so der Ehemann einer »Patientin«, der dank unserer Empfehlung die kompletten Werke von Sybil Gräfin Schönfeldt und von Doktor Spock aufmerksam gelesen hat. Er kann augenblicklich reagieren. Und genau das ist es, was man von Ihnen erwartet. Natürlich nicht wir, sondern Ihre Ehefrau, die im Begriff ist, langsam, aber sicher den Streß und die fieberhafte Aktivität der werdenden jungen Mutter mit dem der jungen Mutter zu vertauschen. Was dies angeht, sind sich alle gleich – das können Sie uns glauben. Die Furchtsame ebenso wie die Kindfrau, die Nervensäge genauso wie die Mannstolle: Wenn Sie sich jetzt nicht sputen, dann gehen Sie das Risiko ein, sie zu enttäuschen. Verhalten Sie sich also möglichst so wie John Wayne und seine Fliegerkameraden, als die Japse

versuchten, Balaklava – oder wie auch immer dieser verdammte amerikanische Stützpunkt hieß – zu bombardieren. Augenblicklich rannten John und seine Kameraden noch in ihren Schlafanzügen zu ihren Abfangjägern, um den Japanern den Sake gründlich zu versalzen. Nicht, daß Sie uns jetzt falsch verstehen. Sie brauchen nicht etwa zu Ihrem Flugzeug zu rennen, aber es wäre angebracht, das Auto startklar zu machen. Sobald Sie an Bord sind, werfen Sie den Motor an, und zählen Sie langsam bis sieben, wobei Sie durch die Nase ein- und ausatmen.

Gehen Sie dann noch einmal
die folgende Checkliste durch:

1. Kennen Sie die Adresse der Frauenklinik?
2. Haben Sie genug Sprit, um bis dorthin zu kommen?
3. Sind Sie im Besitz eines Führerscheins?
4. Haben Sie sich die Telefonnummer der Schwiegereltern aufgeschrieben?
5. Haben Sie Ihre Gesichtsdusche dabei?
6. Haben Sie daran gedacht, irgendein Kleidungsstück anzuziehen?
7. Haben Sie Ihre Frau dabei?

Geben Sie erst nach abgeschlossener Überprüfung all dieser Checklisten-Punkte Vollgas. Vor allem der Punkt sieben ist hierbei besonders zu berücksichtigen.
Wenn alles in Ordnung ist, worauf warten Sie dann noch ...? Geben Sie Gas, oder möchten Sie, daß Ihre Frau auf Ihren neuen Sitzbezügen niederkommt?
Während Sie so durch die Straßen rasen, denken Sie daran, daß Ihre Versicherung wahrscheinlich keine Fruchtwasserschäden ersetzt und daß so ein Zwischenfall während der Fahrt jederzeit zu befürchten ist.

Entschiedenheit und Selbstkontrolle müssen zu Ihren Maximen werden, sobald Sie die Schwelle dieses Etablissements überschreiten. Lassen Sie sich durch die Vorfreude auf die bevorstehende Geburt nicht dazu verleiten, Ihr Visier aufzumachen. Die Entbindungsstationen sind ein Dschungel, lieber Freund und Leser, und es stehen Ihnen noch schmerzhafte Erfahrungen bevor. Ihrer Frau übrigens auch – aber jetzt schweifen wir vom Thema ab. Kaum haben Sie nämlich den Ort des Geschehens betreten, kreuzt Ihr Blick den einer ironisch dreinschauenden dicken Frau, die an ihrem Kittel ein Schildchen mit ihrem Namen und der Amtsbezeichnung *Oberschwester* trägt. Jetzt wird's kritisch, und Sie werden Ihr Äußerstes geben müssen. Ein einziger Blick auf Ihre Frau, die an Ihrem Arm hängt, wie ein Blutegel an einem Magneten, und es wird Ihnen klar, daß Sie von jetzt an ganz auf sich selbst gestellt sind. Sie müssen sich anstrengen, wenn Sie Ihrer Frau und dem zu erwartenden Sprößling einen angenehmen Aufenthalt in dieser Entbindungsstation ermöglichen wollen.

Die Aufmerksameren unter unseren Lesern werden jetzt anfangen, einige Seiten zurückzublättern, und empört einwenden, daß wir gegen Ende eines der vorangegangenen Kapitel indirekt behauptet haben, daß es gewisse kleine Unterschiede gibt zwischen Privatklinik und Krankenhaus.

Wir hatten behauptet, daß solche Unannehmlichkeiten durch die richtige Wahl der Entbindungsstation vermieden werden könnten. Unsere Antwort auf diesen Einwand: Das ist völlig richtig – aber das Problem der dicken Frau in dem weißen Kittel mit dem Namensschild, auf dem außer dem Namen noch die Bezeichnung Oberschwester steht, ist dadurch keinesfalls gelöst. Was auch immer passieren mag – selbst wenn

Ihre Frau auf einem mit Nerz bezogenen Bett niederkommen sollte und wenn die Geburtszangen aus purem Gold wären –, früher oder später werden die feuchten Hände einer D. F. I. D. W. K. M. D. N. A. D. A. D. N. N. D. B. O. S.* sich auf ihre zarte Haut legen. Sie müssen deshalb zu einem Präventivschlag ausholen.
Wie macht man sich die Dicke zu einer dicken Freundin? Es gibt keine hunderterlei verschiedene Lösungen für dieses Problem, sondern nur drei: Sie haben die Wahl.

Die amerikanische Methode

Stürzen Sie sich auf sie, und geben Sie ihr einen kräftigen Tritt vors Schienbein. Vor Schmerz wird sie sich nach vorne beugen. Nun legen Sie all Ihre Kraft in einen kurzen präzisen Kinnhaken. Keine Angst, die hält das aus. Sollten Sie nicht alle Kraft in Ihren Kinnhaken legen, könnte es sein, daß sie den Kampf erst richtig aufnimmt, und das könnte dann schlecht für Sie ausgehen.
Sobald sie zu Boden geht, versetzen Sie ihr mit der Spitze Ihrer Cowboystiefel einen kräftigen Tritt in den Solarplexus. Warten Sie einen Moment, bis sie wieder zu Atem gekommen ist, und lassen Sie sie aufstehen. Dann packen Sie sie brutal am Kragen und drücken sie gegen die Wand. Dabei schreien Sie sie an: »Wer hat hier das Sagen? Sag schon: Wer hat hier was zu sagen?«
Sollte sie dann immer noch antworten: »Ich!«, hauen Sie ihr noch eine runter. Wenn sie aber kleinlaut von sich gibt: »Natürlich Sie, mein Herr!«, dann zeigen Sie ihr, daß Sie ihr nicht mehr böse sind, und Sie können davon ausgehen, daß von nun an alles in Ordnung ist.

* Sogar abgekürzt sieht das immer noch bedrohlich genug aus, finden Sie nicht auch?

Die italienische Methode

Gehen Sie auf die dicke Frau zu, und drücken Sie ihr die Hand. Dabei drücken Sie ihr gleichzeitig einige große, aber klein gefaltete Geldscheine in dieselbe. Ihr mürrisches Gesicht müßte sich nun augenblicklich aufhellen, und sie müßte auf Ihre Gattin zutänzeln und dabei mit süßlich singender Stimme etwa folgendes sagen: »Ah, das ist ja die liebe Frau Rinaldi-Großer! Lassen Sie mich Ihnen helfen, Frau Rinaldi-Großer.«

Schaut sie sich jedoch die Banknoten, die Sie ihr in die Hand gedrückt haben, mit einem unverständigen oder, was noch schlimmer wäre, mit einem wütenden Blick an, dann schalten Sie sofort um und wenden die amerikanische Methode an.

Der Aphorismus von Doktor Hermann Paull hierzu

Eine Hebamme, die bei sich selbst, bei ihren Kleidungsstücken und ihren Instrumenten nicht auf äußerste Sauberkeit achtet, richtet in der Regel mehr Schaden an als Nutzen.

Die französische Methode

Gehen Sie auf die weißuniformierte Matrone zu, und stellen Sie dabei einen mißtrauischen Gesichtsausdruck zur Schau. Sobald Sie nah genug herangekommen sind, um ihren Namen lesen zu können, der meistens etwas kleiner unter dem Titel Oberschwester vermerkt ist, holen Sie aus Ihrer Tasche ein schwarzes Notizbuch heraus. Beginnen Sie nun ganz konzentriert, diesen Namen abzuschreiben. Bereits in diesem Moment wird die ruhige Selbstherrlichkeit der dicken Frau anfangen abzublättern. Lassen Sie sich beim Schreiben Zeit, denn dieser Prozeß wird dadurch noch beschleunigt werden.

Dann klappen Sie das Buch mit unmißverständlicher Heftigkeit zu und nähern sich ihr Schritt für Schritt. Dabei lächeln Sie sehr, sehr freundlich, als wäre überhaupt nichts geschehen. Im allerletzten Moment lassen Sie dann das schwarze Notizbuch zu Boden fallen. Die Neugier wird die dicke Frau übermannen, und sie wird sich auf das Buch stürzen, um es aufzuheben. Geben Sie ihr genügend Zeit, damit sie den Aufkleber lesen kann, den Sie vorher selbst auf der Titelseite angebracht haben:

Bundesgesundheitsministerium –
Behörde für die Überprüfung des Personals
in den Pflegeberufen.*

Sobald sie Ihnen dann Ihr Notizbuch zurückgibt, wirken Sie etwas verlegen und sagen: »Ich rechne mit Ihrer Diskretion, Sie verstehen?« Das breite Lächeln Ihrer Gesprächspartnerin wird Ihnen zeigen, inwieweit Ihr Trick geklappt hat.
Natürlich, das war alles ziemlich anstrengend, aber Ihre Frau ist mittlerweile im besten Zimmer der Entbindungsstation untergebracht worden. Nun stehen Sie bloß noch da und werden Zeuge eines ständigen Kommens und Gehens.
Weißgekleidete Gestalten teilen Ihrer Frau nach diversen Untersuchungen – die Sie vielleicht als fast etwas zu intim empfinden werden – mit, daß ihre Muttermundöffnung mittlerweile »fünf Zentimeter beträgt, dann sechs, sieben, fünfzehn, zweiundfünfzig ... okay, jetzt kann's losgehen«. Und dies alles vollzieht sich in einer gespannten Atmosphäre, deren Rhythmus diktiert wird vom kläglichen Stöhnen Ihrer Frau.

* Falls Ihr geliebtes Eheweib in einer Privatklinik niederkommt, dann schreiben Sie auf diesen Aufkleber so etwas wie: »Beförderungsliste« oder »Prämienzuweisung für das laufende Jahr«.

Während man sie nun in Richtung Kreißsaal davonrollt, kristallisiert sich langsam in Ihrem durch die Ereignisse des Morgens schon ziemlich erschütterten Hirn eine Frage heraus: Der Geburt beiwohnen – ja oder nein?

Der Geburt beiwohnen: ja oder nein?

Stellt sich diese Frage überhaupt noch? Die werdenden Väter haben sicherlich bald festgestellt, daß dieses Thema eigentlich gar nicht wirklich zur Diskussion steht. Und daß das geringste Zögern in diesem Zusammenhang – ja sogar der geringste Mangel an Begeisterung – von ihren bewundernswerten besseren Hälften als eine Art Nichterfüllung ihrer ehelichen Pflichten gewertet wird. Es führt kein Weg daran vorbei – es muß sein. Weil wir uns um das Wohlbefinden unserer Leser sorgen und weil wir sie gerne bis zur

letzten Seite dieses Buches bei uns hätten, möchten wir diejenigen unter ihnen, die noch nie mit diesen Ereignissen konfrontiert waren, vorwarnen: eine Geburt ist kein Spaziergang, weder für den jungen Vater noch für die Mutter, noch für das Baby.*

Wir werden uns nicht über die Details des Geburtsvorgangs auslassen. Auf den folgenden Seiten werden wir ihn lediglich kurz ansprechen. Aber wir glauben, den Geburtsvorgang ganz gut beschreiben zu können, indem wir ihn mit einer Mischung aus einer Catch-Show und einem KGB-Verhör vergleichen. Verboten für sensible Zeitgenossen und Väter unter achtzehn. Einige unserer Leser werden jetzt erblassen. Auf ihrer Stirn erscheint kalter Schweiß, und ihre Hände beginnen leicht zu zittern und werden feucht – so feucht, daß die Druckerschwärze auf diesen luxuriösen Seiten verwischen könnte. Aber sie brauchen keine Angst zu haben. Wir werden sie nicht im Stich lassen. Für Leute wie sie haben wir diese *kleine Liste möglicher Last-minute-Rückzieher* zusammengestellt. Dieses Memento dürfte es ihnen ermöglichen, den Schrekken des Kreißsaals zu entkommen, ohne in den Augen der jungen Mutter als Feigling dazustehen.

Rückzieher aus beruflichen Gründen

Voller Aufmerksamkeit und Hingabe haben Sie Ihre Frau bis in die Entbindungsstation begleitet, und Sie haben ihr während der ersten Phase der Wehen an ihrem Lager Gesellschaft geleistet und geholfen. Aber dieses Stöhnen macht

* Wir haben eine Bibliographie zusammengestellt von Büchern, die sich mit diesem Thema beschäftigen. Sie finden sie am Ende dieses Kapitels.

Ihnen angst, und Ihre Oberlippe beginnt schon nervös zu zucken. Unter dem Vorwand, auf die Toilette zu müssen, gehen Sie einen Moment hinaus, gerade lange genug, um zum nächsten Telefon stürzen zu können. Sie geben einem verläßlichen Freund eine kurze telefonische Anweisung durch und kehren dann zu Ihrer Frau zurück. Leider geht es der Armen nicht besonders, und Sie werden zusehends blasser. Allen Widrigkeiten zum Trotz halten Sie ihr stoisch die Hand und zeigen ein langanhaltendes beruhigendes Lächeln. Eine weißgekleidete Frau holt die werdende Mutter ab, um sie in den Kreißsaal zu bringen. Sie folgen den beiden auf dem Fuß, als plötzlich das Telefon klingelt. Nehmen Sie den Hörer nicht ab. Kümmern Sie sich um Ihre Frau – es wird nicht mehr lange dauern. Die Schwester kommt und sagt, der Anruf sei für Sie. Lehnen Sie entschieden ab, den Anruf entgegenzunehmen. Sie wird darauf bestehen und sagen, es sei wichtig, der Anruf komme aus Ihrem Büro. Warten Sie nun, bis Ihre Frau selbst, erfüllt von diesem wunderbaren Geist der Selbstaufopferung, den alle idealen Ehefrauen besitzen, darauf besteht, daß Sie das Telefongespräch entgegennehmen. Gehen Sie dann widerwillig zum Telefon. Nehmen Sie den Hörer auf und sprechen Sie voller Entrüstung. Sodann legen Sie bedrückt auf, kehren zu Ihrer Frau zurück und improvisieren über das Thema: »Das war das Büro/Ein wichtiger Kunde/Der Chef selber/ Ich glaube, es ist sehr wichtig/Aber das ist mir egal/Heute gibt es Wichtigeres!« Falls alles klappt, werden Sie schon einige Minuten später im Freien sein.

Nachteil: Der verläßliche Freund kann Sie bis an Ihr Lebensende erpressen.

Rückzieher durch fingierten Unfall

Ihre Haltung war bis zu diesem Zeitpunkt untadelig, Sie waren rücksichtsvoll und zeigten sich bewegt. Sie haben Ihre Frau bis in ihr Zimmer geführt, und Sie haben ihr beim Ausziehen und Anlegen des Nachthemdes geholfen. Sie bleiben einige Augenblicke bei ihr, aber ihr unregelmäßiges Schnaufen macht Sie zu nervös. Ihr eigenes Herz schlägt Ihnen bis zum Hals. Unter dem Vorwand, eine Krankenschwester holen zu wollen, verlassen Sie das Zimmer und rennen zur nächstgelegenen Treppe. Bleiben Sie nicht stehen. Laufen Sie zügig weiter, schützen Sie Ihren Kopf mit den Armen, und stolpern Sie über Ihre eigenen Füße. Sagen Sie sich, daß Ihnen nicht viel passieren kann: schließlich sind Sie bereits im Krankenhaus. Sobald der Sturz vorbei ist, stoßen Sie einen echten oder gespielten Schmerzensschrei aus, je nachdem, wie hart Ihr Sturz wirklich war. Warten Sie einen Moment, bis jemand nach Ihnen sieht. Dann täuschen Sie eine Ohnmacht vor, und zwar bis nach der Geburt. Wenn Sie Ihre Frau danach besuchen, vergessen Sie nicht zu hinken.

Nachteil: Sie könnten sich tatsächlich etwas brechen.

Der moralische Rückzieher

Drei Jahre bevor Sie das junge Mädchen kennenlernen, das die Mutter Ihrer Kinder werden soll, gehen Sie zum Friseur. Sie lassen sich die Haare kurz schneiden, tragen nur noch Hemden mit gestärkten Kragen, dunkelblaue Anzüge und sitzen bei Tisch ganz gerade. Am Tage der Niederkunft geleiten Sie Ihre Frau zur Entbindungsstation der Klinik Maria von der Unbefleckten Empfängnis. Dort angekommen, küssen Sie sie liebevoll auf die Stirn und übergeben sie den erfahrenen Händen von Schwester Theresa, der Pförtnerin des Klosters. Gehen Sie nun wieder nach Hause und genehmigen Sie sich ein Glas Bier. Sie haben es verdient. Es war ziemlich hart, aber Sie haben es geschafft. Sie werden der Geburt nicht beiwohnen. Ihre Frau würde das auch nie wollen.

Nachteil: Sie haben wahrscheinlich eine strenggläubige Katholikin geheiratet, die Ihnen bis zu Ihrem letzten Atemzug das Leben vergiften wird, und wenn Sie dann schließlich vor dem Allmächtigen stehen werden, wird Er Sie direkt ins Fegefeuer schicken, weil Sie bei dieser Gelegenheit so unaufrichtig gewesen sind.

Der juristische Rückzieher

Eines Nachts, wenn Ihre hochschwangere Frau friedlich in Morpheus' Armen ruht, stehen Sie auf, verlassen leise das Zimmer, nehmen Nadel und Faden und ein kleines Etikett mit Ihrem Namen, das Sie an der Innentasche Ihrer Jacke festnähen. Am nächsten Morgen umarmen Sie zärtlich Ihre treue Gattin, als ob gar nichts wäre, und tun so, als würden Sie zur Arbeit gehen. In Wirklichkeit überfallen Sie unterwegs eine Bank. Während Sie die Bank ausrauben, geben Sie vor, daß Ihnen zu heiß ist. Sie ziehen Ihre Jacke aus und legen sie über einen Stuhl. Sie beenden Ihren Bankraub in Hemdsärmeln und fliehen sodann mit der Beute, die Sie an einem sicheren Ort verstecken. Dann gehen Sie ganz normal Ihren Tätigkeiten nach, bis die Polizei Sie festnimmt. Falls die Verhaftung bei Ihnen zu Hause vorgenommen wird, protestieren Sie energisch dagegen, beteuern den Polizisten gegenüber Ihre Unschuld und Ihrer Frau gegenüber Ihre grenzenlose Liebe. Sitzen Sie dann Ihre Gefängnisstrafe ab, gehen Sie über Start, und holen Sie sich zehntausend Mark (oder holen Sie sich noch mehr Geld – das hängt davon ab, wieviel Sie erbeutet haben und wie gut Ihr Versteck war). Dann kehren Sie schließlich in die eheliche Wohnung zurück und werden endlich sehen, wie Ihr Nachwuchs aussieht.

Nachteil: Wenn Sie an einen strengen Richter geraten oder wenn irgendwas während des Überfalls schiefläuft, kann es sein, daß Ihr Stammhalter gerade seinen Militärdienst ableistet, wenn Sie wieder rauskommen. Sie haben zwanzig Jahre darauf gewartet, ihn zu sehen, nun können Sie doch wohl auch noch eine Woche länger warten, bis zu seinem dienstfreien Wochenende.

Der absolute Rückzieher

Begleiten Sie Ihre Frau bis in den Kreißsaal, und versuchen Sie es durchzuhalten. Versuchen Sie, mit all Ihrer Kraft dort zu bleiben. Sollten Sie ihr Schreien jedoch nicht aushalten können, dann gehen Sie auf den Flur hinaus und geben Sie sich die Kugel.

Nachteil: Sie sind danach tot.

Sie werden vielleicht beim Durchlesen dieses Kapitels feststellen, daß alle Rückzugstechniken große Nachteile aufweisen. Dies ist eine Feststellung, sehr verehrte Leser und Freunde, die mehrere Milliarden junger Väter schon vor Ihnen getroffen haben. Unter anderem auch die Autoren des vorliegenden Werkes. Und vielleicht wird diese Feststellung dazu führen, daß Sie sich doch noch entscheiden, »live« dem unvergeßlichen Moment der Geburt Ihres ersten Bambinos beizuwohnen.

Es ist Ihnen gelungen, der Geburt nicht beizuwohnen: Wie können Sie nun das Gesicht wahren?

Seien Sie sich darüber klar, daß Ihre mutige Haltung Sie zur Zielscheibe für die Vorwürfe Ihrer Frau, Ihrer Schwiegereltern und des gesamten Personals der Entbindungsstation macht. Sie müssen nun unbedingt zeigen, daß Ihnen das, was hier vor sich geht, nicht gleichgültig ist. Unternehmen Sie etwas:

- Kaufen Sie sich einen Anzug aus Leinen (das knittert besser), und trampeln Sie auf ihm herum, bevor Sie ihn anziehen.
- Sehen Sie übernächtigt aus, bevor Sie das Krankenhaus betreten.
- Schauen Sie nicht auf die Beine der hübschen Krankenschwestern.
- Rauchen Sie eine Zigarette nach der anderen.
- Sobald eine Tür sich öffnet, springen Sie auf, stürzen sich auf alles, was einen weißen Kittel trägt, und schreien dabei: »Ist alles in Ordnung, Doktor?«
- Zucken Sie jedesmal zusammen, wenn das Telefon läutet.
- Vermeiden Sie es – selbst wenn die Geburt lange dauern sollte –, in einem der nahe gelegenen Restaurants zu tafeln.
- Sollten Sie es vor Hunger nicht mehr aushalten, dann würgen Sie widerwillig ein belegtes Brötchen runter.
- Blättern Sie lautstark und nervös in einer Zeitschrift, indem Sie die Seiten fast herausreißen, ohne auch nur eine Zeile zu lesen.
- Vermeiden Sie jedoch den Playboy oder ähnliche Zeitschriften.
- Springen Sie alle zwanzig Minuten plötzlich auf, und gehen Sie nervös auf und ab. Massieren Sie sich dabei den Nacken. Vielleicht wird Ihnen dann vergeben werden.

Das Verhalten im Kreißsaal

> Die Warnung des Doktor Hermann Paull
>
> *Manche Männer, die im übrigen wahrscheinlich ausgezeichnete Ehemänner sind, ertragen nur schwer das blutige Geschehen einer Geburt. Das Leiden der geliebten Frau macht sie unruhig, nervös, verspannt – ja niedergeschlagen. Es versteht sich von selbst, daß sie in diesem Zustand von keinerlei Nutzen sind.*

Tief bewegt, ungeschickt und verkrampft, bietet der zukünftige junge Vater im Kreißsaal oft ein jämmerliches Bild. Wir meinen, er ist vor allem schlecht vorbereitet.
Die werdende junge Mutter – die natürlich am bequemsten Ort des ganzen Zimmers untergebracht ist und im Mittelpunkt aller Aufmerksamkeit steht – denkt leider viel zu oft nur an sich selbst und läßt sich verwöhnen, ohne der prekären Situation ihres Mannes genügend Aufmerksamkeit zu schenken. Mit sich selbst allein gelassen, vernachlässigt – ja gelegentlich sogar vom Pflegepersonal herumgestoßen –, fühlt sich der Mann ganz und gar unwohl in seiner Haut.
In diesem schwierigen Zusammenhang offenbaren sich plötzlich gewisse Charakterschwächen, und einige arme Tröpfe, die keine Nerven haben, bauen jammervoll ab. Andere wieder übertreiben es in die andere Richtung und werden dadurch lästig. Wie findet man den goldenen Mittelweg? Auch hierbei helfen wir Ihnen weiter. Einige Beispiele sagen mehr als viele Worte. Im nachfolgenden beschreiben wir einige typische Verhaltensweisen, die nur eines gemeinsam haben – sie sind alle unerwünscht.

Die Nervtöter

Die werdenden jungen Väter dieser Spezies gehen früher oder später mit Sicherheit dem Personal der Entbindungsstation dermaßen auf die Nerven, daß sie rausgeschmissen werden. Deswegen beherzigen Sie unseren Rat und vermeiden Sie es, in diese Kategorien eingeordnet zu werden.

Der Kameramann (auf neudeutsch auch Clipman) erlebt die Geburt nicht mit, er zeichnet sie auf. Die Erfindung der Videokamera hat diesen krankhaft schüchternen Zeitgenossen neue Horizonte eröffnet, da sie sich und ihre Gefühle nun hinter dem Objektiv eines Camcorders verstecken können. Irgendwie ist das rührend, aber diese verschleierte Prüderie geht sehr schnell allen Anwesenden auf die Nerven. Vor allen Dingen dann, wenn er sich immer wieder unter Ellbogeneinsatz nach vorne drängt, um ein besseres Schußfeld zu haben, und dabei leise (das Mikro läuft!) vor sich hin murmelt: »So gehen Sie doch mal auf die Seite, Sie stehen im Bild. Lassen Sie mich doch mal durch.«

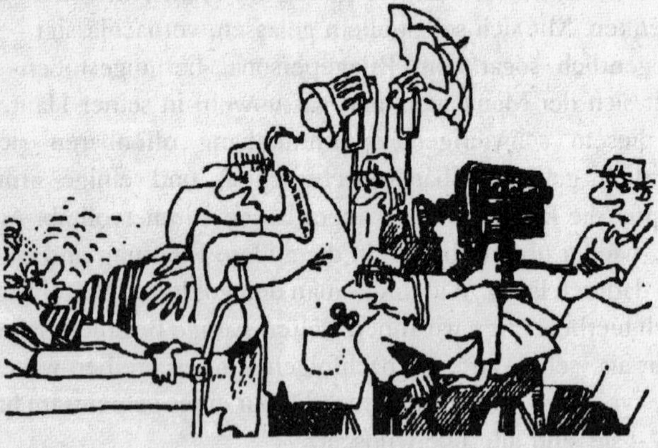

Der Wißbegierige ist vor allem anwesend, um sich weiterzubilden. Er hat noch niemals eine Geburt aus der Nähe verfolgt und will dieses Ereignis dazu nutzen, seine Wissenslücken zu schließen. Wenn ihm irgend etwas entgeht oder nicht klar ist, dann stellt er der Hebamme die diesbezüglichen Fragen, selbst wenn diese gerade etwas anderes und Wichtigeres zu tun hat. Für den Wißbegierigen ist nichts wichtiger, als seinen Wissensdurst zu löschen. Sollte er nicht genau sehen, was vorgeht, dann zögert er keinen Moment, sich nach vorne zu drängen, und kann dann genauso störend werden wie der Kameramann. Die Haltung des Personals ihm gegenüber wird im allgemeinen relativ schnell immer aggressiver. Und manche Überneugierige erleben es sogar, daß man ihnen sagt, sie mögen doch endlich die Klappe halten. Es ist natürlich schade, wenn es tatsächlich soweit kommt, aber sie haben es sich selbst zuzuschreiben.

Der Orientale kommt in Begleitung seiner ganzen Familie. Im Laufe der Stunden, je weiter sich die Nachricht verbreitet, füllen sich der Kreißsaal und die umliegenden Zimmer und Flure mit einer bunten Volksmenge, die keine Polizei der Welt zerstreuen könnte. Wenn der Geburtsvorgang länger andauert, dann lassen sich all diese Leute häuslich nieder und können sehr leicht zu einer Behinderung werden. Die Kinder schreien und rennen überall herum, die alten Männer beginnen, Karten zu spielen, die Frauen fangen an, die Wäsche zu waschen – all dies erzeugt schließlich im Kreißsaal einen derartigen Lärmpegel, daß die Nervenkraft der Hebamme über Gebühr strapaziert wird. Gefährlich!

Der »Fernsprecher« (auf neudeutsch auch Telefonman) ist eine dem Orientalen verwandte Spezies. Unterschied: Seine Familie wohnt zu weit weg, um dem Ereignis direkt beiwohnen zu können. Damit seine Verwandten trotzdem irgendwie auch teilhaben können, kommentiert der Telefonman die ganzen Vorgänge am Fernsprecher. In der Hitze des Gefechts vergißt er jedoch manchmal, daß auch die junge Mutter zuhört. Leider führt dies sehr oft zu einem ersten Riß in der Harmonie der Ehe.

Der Typ des »Kollegen« ist selber Arzt. Und das teilt er auch gleich dem gesamten Personal mit. Sollte etwas schieflaufen, so brauchen sie ja keine Angst zu haben: er ist da! An dieser Stelle sei gleich eines festgehalten: Nach Meinung des Kollegen geht fast immer irgendwas schief. Diese Kritik kann den eigentlichen Geburtshelfer, der die Geburt vornimmt, nerven und so aus der Ruhe bringen.

Der Ungeschickte macht nichts absichtlich, aber er geht sehr oft dem Klinikpersonal auf die Nerven, weil er laufend irgendwelche Katastrophen verursacht. Seine zunehmende Nervosität geht meistens auf die junge Mutter über, dann auf den Narkosearzt, die Hebamme und schließlich auf den Gynäkologen. Dieser vergißt, sich um das zukünftige Neugeborene zu kümmern, und behält vielmehr den werdenden Vater im Auge, immer ängstlich darauf bedacht, die nächste Katastrophe zu verhindern. Einige Ungeschickte stoßen ihr Glas mit Wasser um, so daß es über die elektrischen Monitore läuft. Andere geben dem Anästhesisten einen ungewollten Schubs, während er gerade die Periduralanästhesie setzt. Wieder anderen gleitet das Neugeborene, das eine unvorsichtige Hebamme ihnen schon einige Minuten nach der Geburt noch ganz feucht und glitschig übergeben hat, aus den Händen. Es soll schon vorgekommen sein, daß ein Ungeschickter die letzten Augenblicke der Niederkunft seiner Frau gefesselt und geknebelt in einer Ecke des Kreißsaals verbringen mußte.

Die Schlechterzogenen

Weniger gefährlich als die Vertreter der ersten Kategorie – viel eher die Zielscheibe späterer Vorwürfe von seiten ihrer Ehefrauen –, vermitteln die Schlechterzogenen den Eindruck (aus welchen Gründen auch immer), daß sie die Tragweite des Geschehens überhaupt nicht erfassen. Es ist also ziemlich katastrophal, zu dieser Kategorie zu gehören.

Der Schwätzer ist sehr oft der Mann einer jungen Mutter, die unter Periduralanästhesie gebiert. Nach einigen Stunden beginnt die Situation dem Schwätzer langweilig zu werden, er kann sich nicht länger zurückhalten und beginnt mit dem Gynäkologen, der seine Frau entbindet, ein Gespräch über irgendein Thema, das mit dem Geburtsvorgang meist überhaupt nichts zu tun hat. Das regt sehr oft die jungen Mütter auf, die – und man kann es ihnen nicht verdenken – davon ausgehen, daß die Tatsache, daß sie nichts spüren, es noch lange nicht rechtfertigt, daß man sich überhaupt nicht mehr für sie interessiert.
Es ist übrigens statistisch nachgewiesen, daß der Prozentsatz an Schwätzern ansteigt, sobald die Tennisturniere von Wimbledon, der Wahlkampf oder die Fußballweltmeisterschaften im Fernsehen übertragen werden ... Ist das nicht seltsam?

Der Hungrige: Ihm begegnet man nur, wenn die Geburt sehr lange dauert (Wehen mehr als fünf Stunden). Gewisse Zeichen deuten darauf hin, daß einige junge Väter, die sich während der eigentlichen Niederkunft ihrer Frauen untadelig verhalten haben, zur Kategorie der Hungrigen hätten zählen können, wenn die Geburt nur unwesentlich länger gedauert hätte (und dies mit all den Konsequenzen, die es für ihr weiteres eheliches Leben hätte mit sich bringen können).

Den jungen Vätern sieht man ihre Zugehörigkeit zu dieser Kategorie nicht ohne weiteres an, und die jungen Mütter haben keinen Grund, ihnen für ihr Benehmen während der ersten Stunden der Wehen etwaige Vorwürfe zu machen. Dann jedoch läßt langsam aber sicher die Aufmerksamkeit des Hungrigen nach. Er knabbert an seinen Fingernägeln, und sein Magen beginnt laut zu knurren. Einige Minuten später verläßt der Hungrige unter irgendeinem Vorwand den Kreißsaal und stürzt sich in die nächstgelegene Wirtschaft, um dort genüßlich eine Riesenpizza zu vertilgen. Wenn er dann schließlich gesättigt wieder zurückkommt, findet er zu seiner großen Überraschung im Kreißsaal eine andere junge Mutter vor. Seine eigene Frau hat in der Zwischenzeit ihr Kind geboren und wartet ziemlich ungeduldig auf ihn und seine Erklärung. Hier sei angemerkt, daß die meist konfusen

Erklärungen des Hungrigen sehr selten von der jungen Mutter akzeptiert werden.

Der Abwesende: Um Mißverständnissen vorzubeugen: der Abwesende ist im Augenblick der Geburt tatsächlich in der Frauenklinik anwesend. Leider verläßt er den Kreißsaal laufend unter den verschiedensten Vorwänden, und zwar, um zu telefonieren, eine Zigarette zu rauchen, auf die Toilette zu gehen oder die Krankenschwester zu holen. Selbstverständlich ist der Abwesende im Moment der eigentlichen Geburt des Kindes niemals anwesend, und das hat selbstverständlich ein Nachspiel zur Folge. Darüber hinaus werfen einige Abwesende wider besseres Wissen ihrer Frau vor, nicht mit der eigentlichen Geburt auf sie gewartet zu haben. (Was den Damen natürlich auf die Nerven geht.)

Der Vertrauensvolle verläßt keinen Augenblick lang den Kreißsaal, aber es kann vorkommen, daß die junge Mutter selbst ihn bittet, nach draußen zu gehen. Seine unerschütterliche Ruhe regt sie nämlich ziemlich auf. Sein beruhigendes Gerede auch. Wie sein Name schon sagt, hat er ein übertriebenes Vertrauen in die Wirkung der Periduralanästhesie, in die Hebamme und in das Funktionieren der Geburtszange. Seine augenfällige Weigerung, die Situation tragisch zu nehmen, widerspricht natürlich völlig der geistigen Haltung seiner Frau, die sich selbst – und kann man ihr da einen Vorwurf machen? – dem Tode so nahe fühlt wie noch nie in ihrem Leben. Das Resultat ist Verständnislosigkeit auf beiden Seiten, die sehr leicht – denn ein Wort gibt hier das andere – in einen handgreiflichen Streit ausarten kann. Vergessen Sie das bitte nie.

Die Jammerlappen

Sie bilden die hinterletzte Kategorie überhaupt. Die Jammerlappen lösen nicht etwa die Wut ihrer Ehefrauen oder des Klinikpersonals aus, sondern deren Verachtung. Ihr Image kriegt einen Sprung, und zwar in einem der kritischsten Momente ihrer Existenz als junge Väter. Wir bitten Sie also inständig: Seien Sie kein Jammerlappen.

Der Empfindliche ist allen Statistiken zufolge der unter den Jammerlappen am weitesten verbreitete Typ. Sofort nach seiner Ankunft bringt ihn der geringste Äthergeruch zum Erbleichen und der geringste Seufzer, den er hört, zum Zusammenbrechen. Zum Glück kann man ihn sehr leicht an seinem verkrampften Lächeln und an den großen Schweißrändern an seinem Hemd erkennen. Normalerweise erhält eine Krankenschwester extra den Auftrag, ihn während der ersten Minuten der Geburt im Auge zu behalten. Aber nur während der ersten Minuten. Länger ist es nicht nötig, denn länger hält es der Empfindliche nicht aus. Allein schon wenn sie die Spritze für die Periduralanästhesie sehen, fallen dreiundzwanzig Prozent der Empfindlichen in Ohnmacht. Siebzehn Prozent treten weg, sobald der Gynäkologe seine Gummihandschuhe anzieht. Einunddreißig Prozent fallen beim Dammschnitt um, und achtundzwanzig Prozent schließlich kippen um, sobald sie das rote, aufgedunsene Gesicht des neuen Erdenbürgers zum ersten Mal sehen.* Wenn sie wieder zu sich kommen, dann fühlen sie den mit-

* Die Aufmerksameren unter unseren Lesern haben wahrscheinlich schon bemerkt, daß ein Prozent in der Rechnung fehlt. Das ist der Prozentsatz der Überempfindlichen, die es noch nicht einmal bis zum Kreißsaal schaffen.

leidigen Blick einer muskulösen Krankenschwester auf sich gerichtet, die schon Schlimmeres erlebt hat. Und plötzlich wird ihnen mit tragischer Gewißheit klar: *Das* werden sie ihr Lebtag lang zu hören bekommen.

Der Schüchterne gehört gleichzeitig zu zwei verschiedenen Gruppen von Nervtötern, und zwar zu den Wißbegierigen und zu den Ungeschickten. Aufgrund seiner Diskretion und seiner krankhaften Schüchternheit gehört er ebenfalls zur Familie der Jammerlappen. Sicher würde er gern sehen, was vor sich geht, aber er hat Angst, im Weg zu sein, und deswegen begnügt er sich damit, sich auf die Zehenspitzen zu stellen und seinen Hals zu recken, um etwas mitzubekommen.
Sicherlich würde er gern neben seiner Frau stehen, um ihre Hand zu halten und ihr etwas Ermunterndes zu sagen. Aber die eindrucksvolle Körperfülle der Hebamme hält ihn davon ab. Vielleicht würde er sogar sein eigenes Kind gern sehen, wenn es einige Sekunden nach der Geburt der Mutter auf den Bauch gelegt wird. Leider versperren der Gynäkologe und seine Assistenten ihm den Blick darauf, und er begnügt sich damit, zu warten, bis er dran ist. Manche jungen Väter, die ganz besonders schlecht plaziert sind, werden manchmal ungerechterweise von ihrer Frau für abwesend gehalten und auch so behandelt. Sie müssen sich bittere Vorwürfe anhören und werden dann zu Unrecht in die Sparte der »üblen Typen« eingeordnet. Meistens beenden diese Leute ihre Tage als Alkoholiker.

Der »Nebelwerfer« hat sich selbst eine geheiligte Mission erwählt: nämlich mit Hilfe einer »Gesichtsdusche« während der Geburt ständig das Gesicht seiner Frau zu benetzen. Er bekommt weder die Grimassen noch das spöttische Gelächter der Hebamme mit, so sehr klammert er sich an seine Spraydose (wie eine Zecke an einen Pudel). Manchmal – in ganz extremen Fällen – kommt es sogar vor, daß er das Gefühl hat, er gehöre zum Personal der Entbindungsstation. Der »Nebelwerfer« geht dermaßen in seiner Mission auf, daß er von der eigentlichen Geburt nichts weiter mitbekommt als das von Feuchtigkeit triefende Gesicht seiner Ehefrau, der das Verhalten ihres Mannes am Ende absolut auf den Wecker geht.

Wir sehen von hier aus, wie die edlen Gesichtszüge unserer sehr verehrten Leser sich verzerren. Einige unter ihnen bekommen nun – dank unserer Hilfe – ein Gefühl dafür, welcher Gefahr sie entgangen sind, und verzichten ipso facto darauf, ihre Videorecorder oder ihre Familien auf die Entbindungsstation mitzunehmen. Andere wiederum bemerken mit Schrecken, daß sie sich bei der Geburt ihres eigenen Kindes wie Jammerlappen, Nervtöter oder sogar Schlechterzogene benommen haben, und werfen nun ihrem geliebten Eheweib einen schmachtenden, von Gewissensbissen verschleierten Blick zu. Aber, aber, liebe Leser. Sie brauchen uns nicht so überschwenglich zu danken.* An unserer Stelle hätten Sie sicher genauso gehandelt. Und nächstes Mal fragen Sie vorher jemanden, der den richtigen Durchblick hat. Okay?

* Wenn Sie uns jedoch unbedingt danken wollen, dann können Sie eines machen: Rennen Sie schnell in die nächste Buchhandlung und kaufen Sie sechsunddreißig Exemplare dieses Buches ... Das dürfte dann reichen.

Es gibt Zeitgenossen, die die Gabe haben, alles tragisch zu nehmen. Einer von ihnen war der französische Dichter Lamartine, der sich etwas geschwollen fragte: »Welches Verbrechen haben wir begangen, um geboren werden zu müssen?« Auch Chateaubriand nahm das Ganze wohl etwas tragisch, als er folgende fürchterlich negative Zeilen niederschrieb: »Nach dem Unglück, geboren zu werden, kenne ich nur noch ein größeres: das, einen Menschen zur Welt zu bringen.« Was soll man nun von solchen pessimistischen, bitteren, überspitzten Äußerungen halten?
Nichts Gutes, soviel steht fest. Man sollte sie mit einem Achselzucken hinnehmen. Oder vielleicht mit einem kleinen, unangenehm sarkastischen Lächeln? Tja, wenn man es sich noch einmal genau überlegt, dann ist man eigentlich fast traurig, daß diese beiden unverbesserlichen Witzbolde schon tot und begraben sind. Sonst würde man ihnen doch wirklich gern einen Rippenstoß versetzen und mit ihnen gemeinsam über ihre idiotischen Bemerkungen lachen.
Meistens ist die Geburt etwas Bewegendes, ein Höhepunkt in unserem Dasein. Wie sollte es möglich sein, ohne tiefste Gefühlsregung solch einem wunderbaren Geschehen beizuwohnen, wenn nämlich dieses kleine, nackte, schutzlose Wesen aus seiner Mutter heraus der Welt geschenkt wird. Dabei schneidet es Grimassen, vollführt Verrenkungen und schreit aus Leibeskräften. Der Volksmund spricht in diesem Fall von einem freudigen Ereignis. Und unter uns gesagt, wer würde sich trauen, dem Volksmund zu widersprechen?
Aber es kann – und glauben Sie uns, wir schneiden dieses penible Thema nur mit äußerstem Widerwillen an –, es kann

leider sein, daß die Niederkunft Ihrer Ehefrau Ihnen nicht das erwartete Glücksgefühl gibt. Vielmehr kann es sogar passieren, daß einige jener harten Schicksalsschläge Ihrer harren, denen man total hilflos gegenübersteht, wie betäubt, unfähig, etwas zu tun. Etwas, wie es einem nur in einem Hundeleben widerfährt, die Superkatastrophe, das Hyperpech.

Anders gesagt, um nicht um den heißen Brei herumzureden: Es kann passieren, daß Ihr Kind eine dunkle Hautfarbe hat. Wie reagiert man? Was ist zu tun? Wer ist schuld? Weder Panik noch Hektik können eine sinnvolle Lösung für dieses Problem liefern. Auf den ersten Blick kommen einem drei verschiedene Hypothesen in den Sinn, um diesen Tatbestand zu erklären. Drei Möglichkeiten, die man zuerst durchdenken sollte, bevor man zur Tat schreitet. Denn obwohl man das Recht hat, in solch einer Situation seine gute Kinderstube zu vergessen, so muß man trotzdem gerecht bleiben.

Die drei möglichen Hypothesen

1. Ihre Lebensgefährtin ist eine Farbige

Was sollen wir hier groß sagen? Die Genetik steht auf seiten Ihrer Frau, das steht außer Frage. Wir sehen schwarz für Sie.

2. Sie sind selber schwarz

Nun, was haben Sie sich eigentlich erhofft? Daß der liebe Gott Ihnen Ihren Stammhalter gratis ultraweiß waschen würde? In Ihrem Alter wird es eigentlich Zeit, daß Sie nicht mehr an Wunder glauben.

2. Weder Sie noch Ihre Ehefrau sind von schwarzer Hautfarbe

In diesem Fall, sehr geehrter Herr, – und nur in diesem Fall – schuldet man Ihnen einige Erklärungen, die Sie wahrscheinlich laut und energisch fordern werden. Man wird sie Ihnen liefern, selbst wenn sie sehr unangenehm für Sie sein sollten. Und das werden sie zweifellos sein. Denn glauben Sie unserer langen Erfahrung: All diesen Geschichten liegen ziemlich dunkle Machenschaften zugrunde.

Da wir schon einmal beim Kapitel der Katastrophen sind, ist es angebracht, ein anderes großes Malheur bei der Geburt zu erwähnen, das wohl mindestens fünfzig Prozent aller jungen Familien widerfährt (die Statistiken können einem schon angst machen, nicht wahr)? und das man in sieben kurzen Worten zusammenfassen könnte: *Mein Baby ist ein Mädchen, was nun?*

An dieser Stelle ist anzumerken, daß einige Zeitgenossen diesen Schicksalsschlag überhaupt nicht hinterfragen und ihr Mädchen mit einer gewissen Resignation – ja manchmal sogar mit Enthusiasmus – akzeptieren werden. Jenen sei von Anfang an unser herzlichster Glückwunsch ausgesprochen. Man kann nie genug Frauen unter einem Dach haben.

Aber was soll man den untröstlichen Vätern sagen, die von einem männlichen Erben geträumt haben, mit allem, was dazugehört (und zwar in der richtigen Größe!). Kann man ihnen über diese riesige Enttäuschung hinweghelfen und sie davon abhalten, in einem Moment tiefster Niedergeschlagenheit alles hinzuschmeißen? Um die Wahrheit zu sagen: Wir wissen es nicht. Es gibt kein Pflaster für eine Verletzung diesen Ausmaßes.

Mögen diese unglücklichen Väter jedoch kurz über folgendes nachdenken: Ist es nicht eigentlich besser so? Lieber von vornherein ein echtes Mädchen haben als einen Jungen, der sich wie ein Mädchen benimmt. Und mögen sie sich auch – und das sollte ihnen eigentlich helfen – immer daran erinnern, daß, obwohl ihre eigene Mutter auch ein Mädchen war, sie sie eigentlich trotzdem ganz lieb hatten, oder etwa nicht?

Diagnose des Doktor Hermann Paull

Wenn das Kind mit einer Größe von mindestens fünfunddreißig Zentimetern auf die Welt kommt, der Atmungsprozeß jedoch nicht einsetzt, so spricht man von einer Totgeburt.

Zusätzliche Anmerkung der Autoren

Wenn der Atmungsprozeß des Kindes gut einsetzt, es aber mit einer Größe von über zwei Meter zwölf auf die Welt kommt, dann spricht man von einer Evakuierung des Kreißsaales.

Ihre erste Pflicht

Das Baby ist da. Alles in Butter. Jetzt braucht man nur noch zum Telefon zu rennen, um es allen zu verkünden. Wem eigentlich? Mit welchen Worten? Von wo aus anrufen? Einige wohlmeinende Ratschläge sind hier vonnöten.

Es sei gleich gesagt, daß die frischgebackene Mutter sich sicher selbst dieser Pflicht angenommen hätte, aber sie ist noch etwas blaß. Einige Stunden am Telefon zu hängen würde ihr sicher keine Angst machen. Sie befindet sich jedoch in einem Zustand äußerster Ermüdung, und dieses Krankenzimmer, in das laufend jemand hereinkommt, um ihre Temperatur zu messen, ihren Blutdruck zu überprüfen und sie mit irgendwelchen Flüssigkeiten abzutupfen, um sie danach wieder einzupudern wie einen Christstollen, dieses Zimmer ist sicher nicht der geeignete Ort für lange Telefongespräche.

Darüber hinaus kommt es dem Ehemann zu – so will es die Tradition –, die Trommel zu rühren und die Neuigkeit den Ohren einer erstaunten Welt kundzutun. Also: Sie sind dran! Das steht außer Frage. Und indem Sie diese Aufgabe übernehmen, liebe naive Leser, werden Sie sich einer einfachen, aber nichtsdestotrotz frappierenden Tatsache bewußt. Die verblüffende Logik dieser Tatsache hätte Ihnen eigentlich schon längst ins Auge springen müssen: *Das Kind, das auf die Welt gekommen ist, ist nicht allein das Ihre.*

Es ist vielmehr – wie soll man sagen? – die Frucht, die Kreuzung, das Produkt zweier verschiedener Familien, zweier Traditionen, zweier Welten. Ihre Lebensgefährtin wird Ihnen sicher, trotz ihrer Erschöpfung, eine Liste der Personen zusammenstellen, die Sie informieren sollten (es sei denn, sie hat vor ihrer Heirat wie eine Einsiedlerin gelebt). Auf

diese Weise werden Sie feststellen, wie umfangreich der Verwandten- und Bekanntenkreis Ihrer Partnerin ist. Zu Ihrem großen Erstaunen werden Sie entdecken, daß sie die Großnichte oder aber eine entfernte Cousine einer Reihe sehr illustrer Persönlichkeiten aus den abgelegensten Winkeln unserer schönen Heimat ist. Außerdem werden Sie – wenn auch nur per Telefon – ihre vielen Freundinnen kennenlernen.
Sollte die Gnädige berufstätig sein – eine Möglichkeit, über deren Auswirkungen allein man schon ein ganzes Buch schreiben könnte –, haben Sie zusätzlich noch das zweifelhafte Glück, es mit ihren Kollegen (und zwar den männlichen und den weiblichen, aber vor allem mit den weiblichen) zu tun zu bekommen. Kurz, der Kontakt mit all diesen weit entfernt lebenden und Ihnen noch völlig unbekannten Leuten wird Ihnen Ihre Lebensgefährtin vielleicht von einer ganz anderen Seite zeigen. Wir wünschen Ihnen, daß Ihre Ehe diese Zeit überstehen möge.
Sie haben jetzt also eine langwierige und schwere Aufgabe vor sich, eine Art geheiligte Mission, die in kürzester Zeit durchgeführt werden muß. Wo? Bei Ihnen zu Hause, in aller Ruhe, oder noch besser bei einem Freund, der gutmütig genug ist, Sie sein Telefon benutzen (oder sollte man in diesem Fall sagen: »mißbrauchen«?) zu lassen. Wen sollte man informieren? Die Angehörigen: soviel steht fest. Die Leute, die Sie gern mögen. Die Schwiegereltern und den dazugehörigen Clan. Das Finanzamt. Achten Sie darauf, daß Sie auch gewisse subalterne Personen nicht vergessen, von denen Sie in gewisser Weise abhängig sind, zum Beispiel einen empfindlichen Hausmeister, einen leicht reizbaren Angestellten, einen übellaunigen Kompagnon, den Installateur, der notwendige Reparaturen bei Ihnen immer schwarz ausführt, usw.

Wem sollte man nicht Bescheid sagen?

- Ihren Ex-Freundinnen (die wären wahrscheinlich nicht sehr erbaut darüber)
- dem Liebhaber Ihrer Frau (er weiß ohnedies schon Bescheid).

In welcher Reihenfolge sollte man vorgehen? Sie können mit den Personen beginnen, die Sie schon gut kennen, oder aber mit den anderen. Sie können zuerst die Telefonanrufe erledigen, die Ihnen am schwierigsten erscheinen, oder mit jenen beginnen, die Ihnen am meisten Spaß machen. In diesem Punkt sind alle Methoden gleichwertig, vorausgesetzt, daß Ihre Mutter als erste informiert wird. Was die Schwiegermutter betrifft, so machen Sie sich keine unnötigen Gedanken: Ihre Frau wird das Notwendige hierzu tun.
Wie sollte man die Information vorbringen? Die Art der Information sollte dem jeweiligen Gesprächspartner angepaßt, aber auf alle Fälle immer sehr korrekt sein. Sie sind nun Familienvater und müssen überlegt handeln. Wenn die Geburt Ihres Kindes Sie ganz durcheinandergebracht hat, wenn Sie total überdreht sind und wahnsinnig gerührt, dann zeigen Sie es nicht zu sehr (außer natürlich Ihrer Mutter gegenüber). Schluchzen, hektischer Schluckauf, unverständliches Gebrabbel und plötzliche hysterische Lachanfälle sind in den Gesprächen zu vermeiden. Andererseits: Seien Sie nicht zu trocken, zu unpersönlich und zu gefaßt. Man würde Ihnen sonst Gefühllosigkeit vorwerfen. Und schließlich – ein besonders wichtiger Punkt – seien Sie nicht vulgär. Sätze wie »Ich rufe dich an, weil Ramona geworfen hat« dürfen auf gar keinen Fall ausgesprochen werden. Auch wenn man noch so große Lust dazu hätte. Was genau sollte man also sagen? Nur das unbedingt Notwendige und ein, zwei nette Worte

dazu. An dieser Stelle seien gleich diejenigen unserer Leser beruhigt, denen es schwerfällt, frei zu sprechen. An sie werden keine großen Anforderungen gestellt werden. All Ihre Gesprächspartner werden sicher systematisch nach den gleichen unwichtigen Einzelheiten fragen, nämlich (und zwar in folgender Reihenfolge) nach:

- der genauen Uhrzeit der Geburt,
- dem Geschlecht des Kindes,
- seinem Gewicht,
- seiner Größe,
- seinem Vornamen,
- ob es Haare hat,
- ob es der Mutter gutgeht.

Auf der Grundlage dieser Minimalinformationen wird es das beste sein, eine kurze Rede vorzubereiten, die für die verschiedensten Personenkreise passend ist. Vorsicht. Achten Sie darauf, daß Sie allen Leuten gegenüber genau die gleichen Informationen herausgeben. Einige Ihrer Gesprächspartner werden nämlich untereinander Kontakt aufnehmen, und sollte ihnen die geringste Ungenauigkeit in Ihrer Darstellung der Tatsachen auffallen, werden sie sicher auf Sie zurückkommen, um weitere Informationen zu erhalten. Damit beginnt das Spiel der Nachfragen, Dementis, Klarstellungen – eine ziemlich zeitaufwendige Angelegenheit.
Wir möchten diesen kurzen Überblick mit zwei Überlegungen allgemeiner Natur beschließen, von denen wir annehmen, daß sie einen gewissen Hoffnungsschimmer für Sie bedeuten. Wenn Sie total überfordert sind von dem, was man Ihnen da zumutet, wenn Sie wirklich zu viele Leute informieren müssen, dann zögern Sie nicht, andere Personen mit einzuspannen. Vergessen Sie niemals, daß ein älteres Fami-

lienmitglied, das gerne klatscht, eine richtige Presseagentur sein kann, die in Rekordzeit – und ohne merklich nachzulassen – ganze Landstriche informieren kann. Denken Sie auch daran, daß die Geburt eines Kindes Anlaß für große Versöhnungsgesten innerhalb der Familie sein kann. Nehmen wir einmal an, daß Ihre Eltern seit mehr als fünfzehn Jahren nicht mehr mit Onkel Ferdinand gesprochen haben, und zwar wegen einer ominösen Erbsache. Wieso rufen Sie diesen starrköpfigen alten Mann nicht einfach an und strekken ihm, in diesem großen Moment des Glücks, die Hand zur Versöhnung entgegen?

»Hallo, ich bin's, Hans, dein Neffe. Ich wollte dir nur sagen, daß ich Vater geworden bin.«

Nun kann es passieren, daß Ihnen am anderen Ende der Leitung eine rauhe Stimme entgegnet:

»Na und, das ist mir doch egal!«

In diesem Fall gibt es zwei Möglichkeiten der Interpretation:

1. Onkel Ferdinand ist immer noch wütend.
2. Sie haben eine falsche Nummer gewählt. (Versuchen Sie es noch mal, um sicher zu sein.)

Die Besuche: protokollarischer Ablauf

Ganze Volksmassen zu informieren, sozusagen die Werbetrommel zu rühren und damit die Geburt landesweit bekanntzumachen, ist sehr gut, aber es bedeutet auch, daß man das Risiko eingeht, einen ununterbrochenen Besucherstrom auf der Entbindungsstation zu entfesseln. Und auch in diesem Fall, geschätzte Leser, stehen Sie wieder an vorderster Front.

Wie sieht das Zimmer einer jungen Mutter aus, die gerade ihr Kind zur Welt gebracht hat? Es kann ein riesiger Schlafsaal in der Art eines Obdachlosenasyls sein, ein Zimmer mit zwei oder drei Betten, oder – wenn Sie es für nötig gehalten haben, den Aufpreis zu bezahlen (Ihre Freigebigkeit wird Sie noch einmal ruinieren!) – ein Einzelzimmer. In keinem dieser Fälle ist das Zimmer der ideale Ort für die Versammlung von Volksmassen oder das Durchfließen eines Besucherstroms. Im Gegenteil.

Falls Ihre Frau nicht allein im Zimmer sein sollte, wird sich die Anwesenheit der anderen Patientinnen störend auswirken. Sie werden versuchen, die Gespräche mitzubekommen, vielleicht werden sie sogar versuchen, sich an ihnen zu beteiligen ... und das wird die Hölle. Sollte die Gnädigste allein an Bord sein, dann wird die Enge des Zimmers in noch viel stärkerem Maße große Massenveranstaltungen unmöglich machen.

Im übrigen darf man nicht vergessen, daß das arme Mädchen erschöpft ist. Sie hat sicher noch Schmerzen und braucht vor allen Dingen Ruhe. Und statt der Ruhe – was muß sie erleben? Sie wird von Menschenmassen heimgesucht, sie wird von einer furchtbaren Flutwelle gutgemeinter Absichten fast erdrückt. Die meisten Menschen haben – vorausgesetzt, daß sie selbst gesund sind – ein krankhaftes Vergnügen daran, Hospitäler und Kliniken von innen zu sehen. Sie lieben es, dort herumzulaufen, nur so, um sich mal umzuschauen (die Arme voller Blumen, Süßigkeiten und kleiner Geschenke). Und die wenigen, die sich davor zu drücken versuchen, wo es nur geht – diese sensiblen Naturen, denen schon beim Anblick eines weißen Kittels übel wird und die den Geruch von Äther nicht vertragen, – diese seltenen Zeitgenossen kommen auch: aus Höflichkeit. Und eigentlich ist das nicht weiter verwunderlich, denn schließlich haben Sie sie ja angerufen (auch aus Höflichkeit).

Die Höflichkeit ist der Feind des jungen Vaters. *Die Höflichkeit ist der schlimmste Feind jedes zivilisierten Mannes.* Und damit Sie's nur wissen: Gegen diese Unart Ihrer Zeitgenossen sind Sie, verehrter Herr und Leser, ganz und gar machtlos. Welches Schilfrohr, so geschmeidig, so biegsam es auch sein mag, kann, auf sich alleine gestellt, diesen wirbelnden Sturzbach

von Besuchern aufhalten? Sie werden dieses Problem sicher nicht lösen können, aber Sie müssen zumindest versuchen, es in Grenzen zu halten. Diesen Sturzbach einzudämmen, die Besuchergruppen zu kanalisieren, die Familien aufzulockern: das muß Ihr Ziel sein. Und dieses Ziel werden Sie nie erreichen, wenn Sie nicht hart bleiben. Ihre Hauptaufgabe wird es sein, Verkehrsstaus innerhalb des kritischen Bereiches zu verhindern, indem Sie den Besuchern abwechselnd zwei ebenso alte wie berühmte Verhaltensweisen lautstark in Erinnerung rufen.

Erstens: »Einer nach dem anderen bitte!«
Zweitens: »Gehen Sie bitte weiter, hier gibt es nichts zu sehen.«

Beschränken Sie – wenn es sein muß – die Besuchszeit (als Richtwert schlagen wir zehn Minuten pro Kopf vor), und lassen Sie keinerlei Überschreitung dieses Wertes zu. Um feststellen zu können, ob die Durchgangsgeschwindigkeit der Besucher richtig ist, werfen Sie ab und zu einen Blick auf Ihre Ehefrau. Solange sie nichts sagt und nur ganz ruhig und entspannt lächelt, ist der Rhythmus gut. Behalten Sie ihn weiter bei. Wenn ihre Stimme beginnt schrill zu werden, beschleunigen Sie den Rhythmus leicht, bis die Wangen Ihrer unglücklichen Gattin wieder etwas Farbe bekommen haben. Wenn nötig, brechen Sie den ganzen Vorgang einfach ab und räumen Sie das Zimmer. Zögern Sie nicht, Besucher, die ihre Zeit überschritten haben, kurzerhand hinauszuschieben, wobei Sie nicht mit strengen Worten und eindeutigen Gesten sparen müssen. Aber greifen Sie nur im allergrößten Notfall zum wirkungsvollsten Hilfsmittel, dem Tritt in den Hintern. Vergessen Sie nicht: Wir sind keine Wilden.

Außer dem unvermeidlichen Stoß, den Ihre Eigenliebe erhält, wird das einzig wirkliche große Problem (falls es eines geben sollte) von Ihrer Mutter (bzw. Ihrer Schwiegermutter) kommen – und das ist doch wohl keine Überraschung. Welche dieser Frauen, die eine absurde Fügung zu Großmüttern ein und desselben Kindes (nämlich des Ihren!) gemacht hat, – welche dieser Frauen nun wird als erste das Zimmer betreten? Dies ist eine knifflige Frage der Etikette, die man nicht auf die leichte Schulter nehmen sollte.
Die Vertreterinnen des schönen Geschlechts, von Natur aus pragmatisch, wie sie nun einmal sind, werden dafür plädieren, daß die Mutter der gnädigen Frau das Vorfahrtsrecht vor der Mutter des gnädigen Herrn hat. Die traditionsbewußteren Männer werden das Ganze genau umgekehrt sehen. Der Idealfall wäre natürlich, daß beide Parteien gleichzeitig in der Klinik auftauchen und gemeinsam den neuen Erdenbürger bestaunen. Aber niemand kann das Ergebnis einer solchen Konfrontation auf so engem Raum vorhersagen. Daher wäre es besser, wenn Sie zugunsten Ihrer Nerven auf ein solches Treffen verzichten würden. Es gilt also hier nur die Regel: *Möge die Bessere gewinnen!*

Einige Regeln des guten Tons

In Gegenwart der erschöpften Mutter und des Neugeborenen sollten alle Besucher, wer immer sie auch sein mögen, ein Mindestmaß an Etikette beachten.
Sie werden niemals zulassen, daß:

- jemand raucht,
- spuckt,
- einen fahrenläßt,

- sich mit tropfender Nase über die Wiege beugt,
- das Baby küßt,
- auf das Baby sabbert,
- am Baby rumspielt,
- an Ihrer Frau rumspielt,
- an Ihnen rumspielt,
- oder daß überhaupt irgend jemand an irgendwas in diesem vermaledeiten Zimmer rumspielt.

Die Stichelei des Doktor Hermann Paull

Eine Person, die sich um ein Kind kümmert, muß bei sich selbst auf äußerste Sauberkeit bedacht sein. Unterwäsche und Kleider müssen ebenso wie Haare, Zähne, Nägel und der Mund ständiger Pflege unterzogen werden.

Vor allem – und dies ist eine Grundregel – werden Sie morbide oder dramatische Gesprächsthemen mit allen Mitteln schon im Keim ersticken. Angeregt durch die unheilschwangere Krankenhauskulisse und die noch nicht vollständig bezwungene Situation fühlen sich gewisse Personen dazu berechtigt, die schlimmsten Horrorgeschichten zu erzählen. Hier seien nur einige unzumutbare Gesprächsthemen aufgezählt:

- schwere nachgeburtliche Infektionen,
- das Platzen von Krampfadern,
- das Veröden von Hämorrhoiden,
- Todesfälle in der Narkose,
- ärztliche Kunstfehler,
- Behinderung der Kinder, die erst nach einigen Monaten auftreten,
- das Absenken von Organen,

- das Absenken von Passagierschiffen,
- Kindesentführung mit tödlichem Ausgang,
- die Fußball-Europameisterschaften.

Zusätzlich zu seiner Funktion als Tempelwächter, menschlicher Staudamm, Leibwächter und einziger Beschützer seiner Ehefrau muß der junge Vater – und dabei handelt es sich wohl um seine undankbarste Aufgabe – sorgsam den Strom der Besucher kanalisieren und bereits im Flur ad hoc eine harte Auswahl vornehmen. Unter keinen Umständen dürfen die folgenden Personen die Schwelle des Zimmers überschreiten:

- der Fotograf des Krankenhauses (zu teuer),
- Kranke des Krankenhauses,
- Kranke aus der Familie,
- verkalkte Greise,
- Epileptiker, Schwindsüchtige und Brandstifter,
- Witzbolde aus dem Bekanntenkreis ...

... und ganz allgemein alle potentiellen Störenfriede. Wie kann man einen Störenfried erkennen? Nichts einfacher als das: Es handelt sich um jemanden, den man entweder nicht kennt oder den man nur zu gut kennt. Normalerweise hat er eng beieinanderliegende Augen, lange Zähne, feuchte Hände, ein heimtückisches Lächeln und ganz allgemein eine boshafte Art, eine Knollennase und buschige Augenbrauen. Es ist fast unmöglich, sich hierbei zu irren.

An dieser Stelle sei ganz besonders betont, daß jede Ähnlichkeit zwischen dem soeben beschriebenen Personenkreis und irgendeinem unserer geschätzten Leser rein zufällig und unbeabsichtigt wäre.

Die Nase hat er von Onkel Georg

Es ist ganz typisch, daß alle Besucher von Entbindungsstationen fast sofort mit dem alten Ähnlichkeitsspiel beginnen, um eine Konversation in Gang zu bringen. Und dies zum Leidwesen des jungen Vaters, der bis dahin davon überzeugt war, daß ihm sein kleiner Nachkömmling wie aus dem Gesicht geschnitten sei. Am Ende eines langen Besuchstages kann er diese Überzeugung verloren haben, falls er sich all das, was er mit anhören mußte, zu Herzen nimmt. Bleiben Sie, wie gesagt, ruhig, und vertrauen Sie uns. Zeigen Sie ein neutrales Lächeln, dann sind die Besucher zufrieden. Stellen Sie nun im Geiste ein Phantombild Ihres Kindes zusammen:

Es hat feines, seidiges, wundervolles Haar.
Seine Haut ist glatt und zart wie Babyhaut.*
Seine Augen sind schön, aufgeweckt, und der Schalk blitzt bereits aus ihnen.
Sein kleines Näschen ist einfach zu süß.
Sein kleines Mündchen ist zum Fressen goldig.
Sein klitzekleines Kinnekinn ist ja soooooo hübsch.
Ei, wem gehört denn dieses kleine Kinnekinn? Das gehört dem kleinen goldigen Mausilein von Vati.

So, haben Sie sich das Porträt Ihres Nachwuchses eingeprägt? Blättern Sie jetzt um und betrachten Sie verzückt das Bild des o. a. Mausilein von Vati.
»Goldig ...« Ganz der Papa. Ein glückseliger Seufzer entringt sich Ihrer Brust. Es fehlt nicht viel, und Sie schmelzen

* Was an sich wenig überrascht, da es sich ja schließlich um ein solches handelt.

dahin. Es ist wunderbar. Sie sind beruhigt, aber überlegen Sie doch einmal, wie Ihr Kleines aussehen würde, wenn es wirklich all diese Merkmale aufwiese, die Hinz und Kunz an ihm entdeckt haben wollen. Stellen Sie sich mal vor, es hätte:

- die Stirn seines Großvaters,
- die Augen seiner Mutti,
- die Nase von Onkel Georg,
- die Ohren von Cousin Thomas,
- die rechte Schulter von Fix
- und den Kopf von Foxi.

Nein, das ist wirklich zum Lachen. Und doch kann die Wirklichkeit noch viel schlimmer sein. Wenn Sie starke Nerven und einen guten Magen haben, dann blättern Sie jetzt um und entdecken Sie, wie häßlich das Gesicht Ihres Neugeborenen wäre, wenn es tatsächlich all diese Merkmale aufwiese.

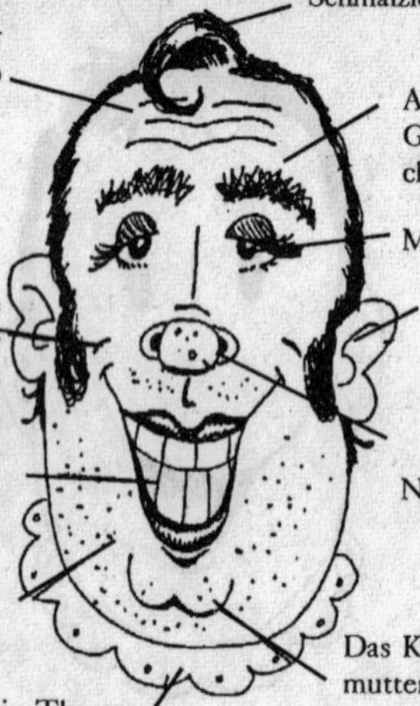

Schauen Sie sich jetzt dieses Phantombild Ihres Nachkömmlings genau an. Danach gehen Sie unauffällig zur Wiege und betrachten in aller Ruhe das Gesicht Ihres Kleinen. Es gibt jetzt zwei Möglichkeiten: Entweder es sieht wirklich dieser Zeichnung ähnlich, und für diesen Fall schlagen wir Ihnen vor, umgehend in die Innere Mongolei auszuwandern, oder aber es sieht dieser Zeichnung überhaupt nicht ähnlich, und dann sind all Ihre Besucher schamlose Lügner. Aber seien Sie ihnen nicht böse. Sie sind gerührt und durcheinander und wissen nicht mehr, was sie sagen. Begegnen Sie dem Ausdruck all dieser monströsen Phantasien mit einem verständnisvollen Lächeln und eiserner Ruhe. Sollten die Besucher jedoch zu weit gehen, dann arbeiten Sie sich unauffällig bis in die Nähe der jungen Mutter vor, und stecken Sie ihr ganz diskret diesen wunderbaren Leitfaden, diesen unverzichtbaren Weggefährten des unerfahrenen jungen Vaters, dieses geniale Handbuch der Vaterschaft zu, das Sie seit dem gesegneten Augenblick seines Kaufs ständig bei sich getragen haben.*

Während die Mutter nun wieder Vertrauen faßt, lenken Sie die Besucher ab. Hüpfen Sie fröhlich bis zur Wiege, und weisen Sie die Leute darauf hin, daß das Kleine sich gerade bewegt hat. Die Besucher werden nun ihre Kameras zücken und sich um das kleine Engelchen drängeln. Diesen Augenblick des allgemeinen Abgelenktseins nützen Sie, um sich Ihrer Frau zuzuwenden. Tränen in den Augen, ein seliges Lächeln auf dem Madonnengesicht, hat sie dank Ihrer Initiative wieder Hoffnung geschöpft. Leute, jetzt bloß keinen überschwenglichen Dank, das ist doch ganz selbstverständlich.

* Natürlich sprechen wir von dem Werk, das Sie gerade in Händen halten.

Die Geburtsanzeige

Wie informiert man am besten die Massen der Bewunderer, die Kollegen, Bekannten, Nachbarn und übrigen Leute von der Geburt des Kleinen? Indem man eine Geburtsanzeige aufgibt oder ihnen ein Kärtchen schreibt. Stop! Wie können Sie nur einen Augenblick annehmen, daß wir Sie in so einem kritischen Moment allein lassen würden, nachdem Sie sich in diesem Buch bis hierher vorgequält haben? Aus Zerstreutheit, Müdigkeit, Unachtsamkeit oder aus dem Fehlen jeglicher Kreativität heraus begehen einige junge Väter folgende Untat:

JOHANNA UND ALBERT EIERMANN
haben die Freude, Ihnen die Geburt von

ERHART
anzuzeigen.

11. Juli 1988,

Frauenklinik Sankt Felicitas

Schwach, sehr schwach. Wir sind bereit, unser Honorar für dieses Buch darauf zu verwetten, daß der kleine Erhart Eiermann ein mittelmäßiges, glanzloses Leben vor sich hat und seine Tage wohl als Abteilungsleiter irgendeines größeren Kaufhauses oder als stellvertretender Schatzmeister beim Bund der Heimatvertriebenen beschließen wird. Die

Geburtsanzeige oder die Karte, mit der Sie über die Geburt informieren, stellt in gewisser Weise die soziale Geburt Ihres Kindes dar. Es ist nie zu früh, doch oft zu spät, um in diesen harten Zeiten den zukünftigen Arbeitgebern die Geburt ihres Mitarbeiters in spe mitzuteilen, auch wenn dieser noch Windeln trägt und sein Breichen überall herumschmiert.
Sie sind Filmregisseur, Journalist, Koch, Polizeibeamter, Hellseher? Passen Sie die Geburtsanzeige Ihrem Beruf an. Sie wünschen für Ihr Kind eine Karriere als Arzt, Werbemanager, Schriftsteller, Schauspieler? Tun Sie jetzt den ersten Schritt in diese Richtung. Wie? Indem Sie sich auf den folgenden Seiten die passende Geburtsanzeige aussuchen.

Ein praktischer Rat.

Dieses wunderbare Handbuch ist viel zu schade, als daß man die passende Geburtsanzeige einfach ausschneiden sollte. Gehen Sie lieber schnell zur nächstgelegenen Buchhandlung und kaufen Sie sich so viele Exemplare dieses wunderbaren Buches, wie Sie benötigen. So bleibt Ihre Ausgabe unversehrt, und Sie werden noch lange Freude an ihr haben.

Sie sind Hellseher. Sie haben all Ihren Mitbürgern die Fähigkeit voraus, die Zukunft Ihres Kindes genau vorhersehen zu können.

Seine Exzellenz

Erhart Eiermann
(1988–2072)

Deutscher Botschafter in Guatemala
Herausgeber des »Kicker«
Doktor honoris causa der Universität Vaduz/Liechtenstein
Vizeweltmeister im eingesprungenen Doppelsalto seitwärts
Ritter des Ordens von der goldenen Pflugschar

hat gestern im Sankt-Felicitas-Hospital
das Licht der Welt erblickt.

Wie wir bereits vorausgesehen haben,
werden Sie ihn in der Alleestraße 6
besuchen kommen.

Sie sind Polizeibeamter. Seien Sie präzise, und gehen Sie davon aus, daß Ihre Vorgesetzten diese Geburts-»Anzeige« sicherlich sehr aufmerksam lesen werden. Möglicherweise könnte Ihre Beförderung zum Hauptwachtmeister von ihr abhängen.

Bundesrepublik Deutschland

Geburts-Anzeige

Aufgenommen am: Montag, den 18. Juni 1988
Ort: Hospital Sankt Felicitas, Rüppurr

Um 9:18 MEZ wurde der Betroffene Eiermann, Erhart, seines Zeichens Säugling männlichen Geschlechts, das Opfer einer Geburt. Dies geschah in Gegenwart zahlreicher Zeugen, unter anderem seiner Eltern Georg Eiermann und Johanna Eiermann, geborene Henne. Der Betroffene und die Zeugen halten sich zur Verfügung der Ermittlungsbehörden und können auf der Entbindungsstation des Sankt-Felicitas-Hospitals, Alleestraße 6, 2. OG, vernommen werden.

Sie sind Koch. Eine schöne Geburtsanzeige sollte sich wie eine schöne Speisekarte lesen.

Menu

Johanna und Albert Eiermann

laden Sie herzlich dazu ein,

ihren frischgebackenen Nachwuchs
mit den Augen zu verschlingen.

Sein Name ist Erhart
und er ist zum Fressen süß.

Angerichtet wurde das Ganze
auf der Entbindungsstation
des Sankt-Felicitas-Hospitals,
Alleestraße 6.

Montag Ruhetag.

Sie sind im Baugewerbe tätig. Sie haben allen Grund dazu, auf Ihr Werk stolz zu sein und die Leute dies auch wissen zu lassen.

Die Wohnungsbaugesellschaft
Johanna und Albert Eiermann

hat die Ehre,
Sie zur feierlichen Einweihung
des ersten Familienbauabschnitts

ERHART

einzuladen.

Das Musterkind kann in der Produktionsstätte
(Entbindungsstation
des Sankt-Felicitas-Hospitals,
Alleestraße 6)
in Augenschein genommen werden.

Wir bauen die Zukunft.

Sie lieben Pferdewetten. Sie haben ohne Zweifel das große Los gezogen.

Sondermeldung: Erhart / Hengst-Füllen / Gewicht: 3,7 kg / Mähne: braun / Eigner: Gestüt Johanna und Albert Eiermann ... ist heute, Montag, den 18. Juni, im Hippodrom Sankt Felicitas, Alleestraße 6, aus dem Aufgalopp als Sieger hervorgegangen.

Ausführlicher Bericht in unserer morgigen Ausgabe.

Sie sind Schriftsteller. Machen Sie aus dieser Neuerscheinung einen Bestseller.

Neuerscheinung

Erhart

von Johanna und Albert Eiermann

Lizenzausgabe für den Verlag Saeugling & Kindt.
Drucklegung der ersten Auflage:
18. Juni 1988,
Entbindungsstation der
Verlagsanstalt Sankt Felicitas.

Sie sind Optiker. Diese Geburtsanzeige ist eine ausgezeichnete Gelegenheit, unter Ihren Bekannten eine eventuell unbemerkt gebliebene Kurzsichtigkeit festzustellen.

Erhart

Eiermann

hat auf der

Entbindungsstation

des Sankt-Felicitas-

Hospitals das Licht der

Welt erblickt. Seine Eltern Johanna und

Albert bestellen Sie hiermit zu einem Sehtest

ein, und zwar auch dann, wenn Sie die letzte Zeile dieser

Geburtsanzeige einwandfrei lesen können. Adresse: Brillenweg 8.

Sie sind Journalist. Lassen Sie sich diesen Knüller nicht entgehen. Die Geburt Ihres Sprößlings sollte Ihnen mindestens fünf Spalten auf der ersten Seite wert sein.

Kind-Zeitung

Sonderausgabe

Geburt im Hause Eiermann

Name des Kindes:
Erhart

Kommentar der Mutter:
»Ich bin überglücklich.«

Nur die Ruhe. Es ist ganz typisch, daß alle Besucher von Entbindungsstationen, wenn sie sich unter den kritischen Blicken der jungen Eltern zum ersten Mal über den neugeborenen Erdenbürger äußern, fast sofort mit dem alten Ähnlichkeitsspiel beginnen, um eine Konversation bringen. Und dies zum Leidwesen des jungen Vaters, der bis dahin davon überzeugt war, daß ihm sein kleiner Nachkömmling wie aus dem Gesicht geschnitten sei, was wohl auch seine Schönheit erklären würde. Am Ende eines langen Besuchstages kann er diese Überzeugung verloren haben, falls er sich all das, was er mit anhören mußte, zu Herzen nimmt. Bleiben Sie, wie gesagt, ruhig, und vertrauen

»Ich habe nie daran gezweifelt, daß es ein Junge werden würde«, sagte uns sein Vater, Albert Eiermann. Die Pressekonferenz mit Herrn Eiermann jun. und seinen Eltern findet auf der Entbindungsstation des Sankt-Felicitas-Hospitals, Alleestraße 6, statt.

Sie sind Kulturschaffender. Sie sind in der Filmbranche, im Theater oder ganz allgemein im Showbusineß tätig. Sie wissen daher, wie schwer es ist, sich in diesem Geschäft einen Namen (oder Vornamen) zu machen, und deswegen sollte Ihr Kind schon jetzt alle nur mögliche Publicity bekommen. Beachten Sie bitte, daß Sie selbst sich jedoch im Hintergrund halten sollten.

United Parents present
Erhart Eiermann in:

Der Säugling

Ein Film von
Johanna und Albert Eiermann.

Mitwirkende:

Johanna Eiermann .... Die Mutter
Albert Eiermann .... Der Vater
Erhart Eiermann .... Das Neugeborene

Vorpremiere auf der Entbindungsstation des Sankt-Felicitas-Hospitals, Alleestraße 6.

Sie sind in der Wirtschaft tätig. Wie bereits gesagt, ist es nie zu früh, ein Produkt auf den Markt zu bringen.

Gratisangebot

90 Jahre Garantie
ohne Kaufverpflichtung

Informieren Sie sich noch heute
unverbindlich über unser neuestes Produkt,
den kleinen

»Erhart«

Vorführung täglich auf der Entbindungsstation
des Sankt-Felicitas-Hospitals, Alleestraße 6

Neu

Gratis

Bei Nichtgefallen Geld zurück.

Ich glaube, den Rest können wir uns sparen. Mittlerweile haben Sie das Prinzip verstanden. Nun sind Sie dran. Und bitte, schicken Sie uns Ihre Geburtsanzeigen zu. Die originellsten Ideen werden mit einem herzlichen Dankeschön honoriert.

Die postnatale Depression des jungen Vaters

Heute abend, verehrter Leser, sind Sie ganz allein zu Hause. Sie sitzen in Ihrem gemütlichsten Sessel vor dem Fernseher, die Fernbedienung in der rechten, ein Glas Bier in der linken Hand. Sie sind allein, aber zum letzten Mal für lange Zeit. Morgen kommt Ihre Frau aus der Klinik zurück, und sie bringt das Kind mit. Sie freuen sich. Doch, doch ... Sie freuen sich wirklich.

Aber wenn man sich die ganze Sache etwas genauer überlegt, ist da etwas, das nicht so ganz hundertprozentig läuft. Das Fernsehprogramm ist noch langweiliger als sonst, und irgendwie schmeckt Ihnen auch Ihr Hefeweizen nicht so recht. Sie

sind nicht ganz bei der Sache. Eine Art unbestimmter Vorahnung erfüllt Sie, und eine geheimnisvolle innere Stimme sagt Ihnen, daß von jetzt an nichts mehr so sein wird, wie es einmal war. Und seltsamerweise sind Sie darüber gar nicht so sehr glücklich. Im Gegenteil. Sie fühlen sich müde, zerschlagen, nervös und den Tränen nahe.

Sind Sie krank? Sollten Sie den Notarzt rufen? Natürlich nicht. Das wäre sinnlos. Denn was Sie jetzt gerade durchmachen, ist eine ganz normale Phase, mein Herr. Es handelt sich um die »Depression des frischgebackenen Vaters«. Ein sehr weit verbreitetes Syndrom, das bekanntermaßen kurz nach der Geburt des Kindes auftritt. Worin sind die Gründe für diese Schwermut zu suchen? Die Psychiater sprechen von einem emotionalen Rückschlag, von einem affektiven Schock. Die Psychoanalytiker sehen darin eher eine Reaktion des Körpers auf einen Selbstverfremdungskomplex des angeschlagenen Ich, der Hand in Hand geht mit einem schlecht verdrängten Kastrationswunsch dem eigenen Vater gegenüber und begleitet wird von latent vorhandenen neurotischen Zwangsvorstellungen. Die Genetiker machen gewisse Enzyme des Hirnstoffwechsels dafür verantwortlich, die durch den männlichen Organismus nach der Niederkunft in zu großen Mengen produziert werden. Für die Ernährungsberater ist das Ganze zurückzuführen auf die chaotische Ernährung des jungen Vaters, der, sich selbst oder den Gastwirten seines Stadtteils überlassen, keinem ausgewogenen Speiseplan mehr folgt. Zu erwähnen sind in diesem Zusammenhang natürlich auch der übertriebene Genuß von Alkohol und Tabak. Die Homöopathen – und das ist ganz interessant in diesem Zusammenhang – sagen gar nichts zu dem Problem.

Wir hingegen verlassen uns hier ganz auf unseren gesunden Menschenverstand: Stellen Sie sich einmal vor, daß ein Boxer, der zeit seines Lebens in der Gewichtsklasse der Federgewichte gekämpft hat, nun plötzlich in die Klasse der Schwergewichtler überwechselt und daß er auch sofort einem neuen Gegner gegenübergestellt wird, von dem er gar nichts weiß, außer daß er sehr stark sein soll. In so einem Fall würde unser Boxer sicher eine gewisse depressive Phase durchmachen. Und genau das ist es, lieber Freund und Leser, was in Ihnen vorgeht. Auch Sie sind jetzt in einer neuen Gewichtsklasse. In Minutenschnelle sind Sie aus der Klasse der Kinder, geborgen und verwöhnt, in jene harte und vom Leben angefochtene Klasse der Eltern übergewechselt. Sie waren auf der Reservebank, jetzt sind Sie auf dem Spielfeld. Sie waren in der Etappe, jetzt sind Sie an der Front. Sie waren Zuschauer, nun sind Sie selbst Akteur. Sie waren nichts, Sie sind immer noch nicht mehr, aber trotzdem gibt es da eine Art Bruch mit der Vergangenheit, eine schwerwiegende Umwälzung. Der Startschuß ist gefallen für ein hartes, aufreibendes Rennen, auf einer Bahn, die nirgendwo hinführt.

Man müßte schon ein seelenloser Roboter oder ein echter Schwarzwaldkretin* sein, um diese Krise zu durchlaufen, ohne irgendeine Art von Existenzangst zu verspüren. Eltern geworden zu sein bedeutet auch, daß man im Spiel des Lebens um einige Felder in Richtung Ziel vorgerückt ist, und damit ist man auch zwangsläufig dem letzten Feld näher gekommen. Man könnte sagen, wenn man seine Worte gut abwägt, daß die Vaterschaft in gewisser Weise die Eintrittskarte zum Vorzimmer des Sensenmannes ist.

Gestern noch existierte das Baby nicht – heute ist es da.

* Hiermit möchten wir uns ausdrücklich bei unseren Schwarzwälder Freunden und Skilehrern entschuldigen. Irgendwo ist unsere Sprache doch unzureichend – warum spricht man z. B. eigentlich nie von den Bayerischen Kretins, die doch auch recht bemerkenswert sind?

Nur um einen einzigen Tag älter, sind Sie von einer Generation in die andere katapultiert worden, und zwar im Uhrzeigersinn in Richtung Ausgang. Unwiderruflich. So angenehm ist dies alles nun auch wieder nicht.

Ein letztes Phänomen trägt noch dazu bei, Sie zu deprimieren. Es handelt sich um ein Phänomen, das man mit dem Begriff »Vermutterung« umschreiben könnte: die augenscheinliche und fortschreitende Vermutterung der Welt, wie wir sie kennen (A.F.V.W.K.). Als Sie selbst geboren wurden, hatten Sie nur eine einzige Mutter. Das reichte. Später bei Ihrer Heirat bekamen Sie eine zweite Mutter hinzu, nämlich die Ihrer Partnerin. Das war schon ziemlich viel. Nun ist diese Partnerin selbst Mutter geworden, das ist zuviel. Wo soll das noch hinführen? Unbewußt empfinden Sie eine tiefe Angst. Sie fragen sich, ob jetzt nicht auch Ihre besten Freunde sich in Mütter verwandeln werden. Sie wachen schweißgebadet auf aus einem Alptraum, der von Müttern bevölkert ist. Sie können keinen Schritt mehr tun, ohne über eine Mutter zu stolpern. Man kann sich kaum eine unangenehmere Situation vorstellen.

Jetzt werden Sie, sehr geehrter Herr, die Gründe für Ihre depressive Stimmung wohl besser verstehen. Diese Befürchtungen müssen Sie nun überwinden. Sie müssen neue Informationen verarbeiten, sich der veränderten Situation psychologisch anpassen. Sobald Sie diese kleine Anstrengung unternommen haben – rechnen Sie mal mit einem Zeitabschnitt von vier Tagen bis zu vierzig Jahren –, werden Sie wieder der alte sein. Sie werden Ihre gute Laune wiederfinden, Sie werden wieder unter der Dusche singen.

Damit es Ihnen gleich etwas besser geht, wollen wir Ihnen hier drei überzeugende Gründe nennen, warum Sie sich freuen können:

1. Die Geburt Ihres Kindes bedeutet für Sie einen Vaterschaftsurlaub von zwei Tagen, den Sie innerhalb von drei Wochen nach der Geburt oder in den zwei Wochen zuvor nehmen können. Ist Ihnen klar, was das bedeutet? Zwei ganze Tage. Mit etwas Glück fällt vielleicht noch ein Feiertag davor oder danach, und dann könnte daraus fast eine arbeitsfreie Woche werden, Sie kleiner Glückspilz, Sie!*
2. Ein Baby unter Ihrem Dach, das heißt eine halbe Person mehr in Ihrer Steuererklärung. Man wird Ihnen weniger Steuern abzapfen ... Und was werden Sie mit dem so vor den Blutsaugern der Steuerbehörden geretteten Geld anfangen? Was werden Sie sich kaufen? Wundertüten? Bonbons? Schnäpschen? Sie Beneidenswerter, Sie!
3. Ab sechs oder sieben Jahren kann das Kind kleinere Hausarbeiten ausführen. Man kann es zum Beispiel zum Einkaufen schicken. Wer wird da noch zu behaupten wagen, daß die Vaterschaft keine Vorteile mit sich bringt? Und wenn Ihr kleiner Sohn dann losläuft, um Ihre Zeitung zu holen oder den Lottozettel abzugeben, bleiben Sie gemütlich vor der Mattscheibe sitzen und denken zufrieden über Ihren Tag im Büro nach. Und über die Zeit, die vergeht.

Der Vollständigkeit halber und als kleine Anekdote sei noch angeführt, daß man manchmal auch von einer angeblichen Depression der jungen Mutter spricht. Hierbei handelt es sich natürlich um eine Legende, die jeglicher Grundlage entbehrt.

* Wenn Sie mit uns der Meinung sind, daß zwei Tage gut sind, aber daß sechzehn Wochen besser wären, dann schließen Sie sich unserem »Manifest der Hundert« an, das auf den folgenden Seiten abgedruckt ist. Wenn Sie jedoch meinen, daß zwei Tage ausreichend oder sogar unnötig sind – dann allerdings fürchten wir um Ihren Geisteszustand.

Praktische Anmerkungen

Zur weiteren Information empfehlen wir folgende Bücher:
Blutungen, Schock, Anästhesie und Wiederbelebung. Bericht von M. Rivière aus dem Weißbuch der französischen Ärztekammer: Die Müttersterblichkeit in Schwangerschaft und Kindbett.
Geburt – Warum eigentlich? von Dr. Schmerck, Maltusverlag.
Baby schlägt zu von J. Smile, Schubladenverlag.
Der erniedrigte Vater, Drama in vier Akten von Paul Claudel, 1918.
Gebärmutter ist die Allerbeste von M. Mitchell.

Filmtips

Babysitter ohne Knitter (Deutschland 1956, 86 Min., Komödie). Ein Film von Oskar Knolle mit Heinz Rührmann, Pinkas Grün und Senta Thäler.
Ein Ehepaar bekommt jedes Jahr ein neues Kind. Der Großvater ist damit nicht einverstanden, aber es gibt ein Happy-End.
Rosemary's Baby (USA 1968, 136 Min., Tragikomödie). Ein Film von Roman Polanski mit Mia Farrow und John Cassavetes.
Eine Schwangere hat Probleme, und es gibt kein Happy-End.
Maciste gegen den Zyklopen (Italien 1961, 95 Min., Tragödie). Ein Film von Antonio Leonviola mit Gordon Mitchell und Vira Silenti.
Maciste befreit eine Königin, deren Kind ihm anvertraut war. Aber das ist noch nicht alles ...

Wichtige Adressen

Verband junger Väter e. V., Ernst-Thälmann-Allee 8, Rostock
24-*Hours-Hausgeburtenservice* (Geburtshilfe rund um die Uhr), Kennedyallee 116, Frankfurt.

Das Manifest der Hundert

Interessengemeinschaft für eine Verlängerung des Vaterschaftsurlaubs (I. V. V.)

OFFENER BRIEF
AN DAS MINISTERIUM FÜR GESUNDHEIT,
FAMILIE, URLAUB UND PICKNICK

Sehr geehrte Frau Ministerin,

mit tiefer Enttäuschung mußten wir zur Kenntnis nehmen, daß im zurückliegenden Wahlkampf das Problem der jungen Väter wieder einmal von allen Parteien in empörender Weise gemieden wurde.
Wir erlauben uns noch einmal kurz, die Fakten darzulegen, indem wir zwei Zahlenwerte gegenüberstellen, die – wie wir glauben – für sich selbst sprechen. Im Moment sieht der Gesetzgeber im Falle einer Geburt vor:

- sechzehn Wochen Mutterschaftsurlaub
- zwei Tage Vaterschaftsurlaub.

Ist, werte Frau Ministerin, dies die Gleichbehandlung der Geschlechter vor dem Gesetz, die Sie so vollmundig propagieren? Wir sagen: nein! Diese skandalöse Benachteiligung muß ein Ende haben.
Die I. V. V. fordert ab sofort im Namen aller jungen Väter die Ausweitung des Vaterschaftsurlaubs auf sechzehn Wochen. Doch das ist nur eine unserer Forderungen. Weitere Schritte müssen die Einführung der Sozialhilfe für Väter von drei und mehr Kindern, die Anrechnung von Rentenzeiten für miterziehende Väter, die Reservierung von Sitzplätzen in Straßenbahnen und Bussen sowie verbilligte Zugfahrkarten für kinderreiche junge Väter sein.

DIE I. V. V. KÄMPFT FÜR DEN JUNGEN VATER! DIE I. V. V. SAGT LAUT, WAS JUNGE VÄTER LEISE DENKEN!

Die geistigen Väter dieses Manifestes:
Pierre Antilogus – Jean-Louis Festjens

Unterstützen Sie unsere Aktion!

Schneiden Sie diese Seite sorgfältig aus. Füllen Sie sie aus, und setzen Sie Ihre Unterschrift darunter. Die ersten hundert Einsender haben das Recht, einen Anstecker der I. V. V. zu tragen (den Sie sich selbst basteln dürfen). Vielen Dank!

JA!

Ich .... wohnhaft in ....

geboren am .... und Vater von ..... Kind(ern), unterstütze die Aktion der I. V. V.

Es lebe die I. V. V.!

Männer, macht Euch stark für die Gleichberechtigung der Väter!

Vom ersten Tag bis zum sechsten Monat

Nirgends ist Milch besser aufgehoben als in einem Säugling.

Winston Churchill

Jetzt sind Sie also Vater. Wirklich Vater, das heißt, Sie haben ein kleines Bündel am Hals, das jetzt gerade im Nebenzimmer dabei ist, in die Windeln zu machen. Natürlich handelt es sich hier um einen wichtigen Moment Ihres Lebens. Aber die zitternde Hand, mit der Sie dieses Buch halten, und die geschwollenen, brennenden und »beringten« Augen, mit denen Sie versuchen, den Text dieses Buches zu entziffern, lassen uns ahnen, daß Ihr unsägliches Glück durch einen ständig wachsenden Schatten leicht getrübt wird: diese Geburt hat Sie völlig ausgelaugt.

Ihre Frau übrigens auch. Obwohl sie doch den leichteren Part hatte. Sie konnte diese schwere Zeit liegend verbringen – ja, sogar im Moment der Geburt selbst befand sie sich in dieser bequemen Position.

Es scheint niemanden in Ihrer Umgebung zu interessieren, was Sie als Vater in letzter Zeit durchgemacht haben. Jetzt müssen Sie weiter durchhalten und die Hürde dieser »sechs kritischen Wochen« (wie sie die Altvorderen auch nannten) nehmen. Aber passen Sie auf! Wenn Sie sich nicht am Riemen reißen, dann können Sie zum menschlichen Wrack werden. Wie hält man das durch? Indem man darauf achtet, daß man genügend Schlaf bekommt. Und dafür gibt es nur eine einzige Taktik: Achten Sie darauf, daß Sie immer genug Ohrstöpsel zu Hause haben, und lassen Sie den Mutterinstinkt zu seinem Recht kommen.

Schon als kleine Kinder verbringen die Frauen die meiste Zeit damit, mit Puppen zu spielen, sie zu pudern, ihre Windeln zu wechseln und ihnen das Fläschchen zu geben. Und jetzt bietet sich endlich die Gelegenheit, sie ihren Traum verwirklichen zu lassen. Und genau das ist es ja, was sie wollen – oder?

Jetzt müssen Sie willensstark sein. Sie können es schaffen, wenn Sie es nur wirklich wollen. Halten Sie durch. Bleiben

Sie hart und schlafen Sie durch, was auch immer passieren mag. Mehr denn je braucht Ihre kleine Familie nun ein ausgeruhtes, klar denkendes, dynamisches und harmonisches Oberhaupt. Lassen Sie sich nicht von den kleinen Alltagssorgen unterkriegen. Versinken Sie nicht im Sumpf der Windeln und der Nabelbinden. Brechen Sie aus dem Teufelskreis Fläschchen/Sterilisationsgerät/Wickelkommode aus. In den kommenden sechs Wochen müssen Sie kaltblütig bleiben wie ein Kapitän auf der Kommandobrücke eines sturmumtosten Schiffes. Dank Ihrer überlegenen Führung wird das Familienschiff seinen Kurs halten können.

Früher oder später wird Ihre Frau Ihnen das danken, auch wenn sie Ihr Verhalten anfangs nicht verstehen sollte. Machen Sie sich rar. Ihre Frau ist nun Mutter geworden. Sie sollten sie von Anfang an ermutigen, dazu zu stehen. Und wenn sie schließlich am Ende eines langen Tages den kleinen Quälgeist satt und müde in seine Wiege gelegt haben wird, dann können Sie sicher sein, daß es ihr viel lieber ist, einen entspannten, fröhlichen, vor Geist und Aktivität sprühenden Ehemann vor sich zu haben, als ein ausgebranntes Wrack. Aber begehen Sie nicht die Fehleinschätzung zu glauben, daß man diese Zeitspanne dazu nutzen sollte, einige Wochen Ferien zu machen, irgendwo in der Sonne zu liegen oder auf einem Tennisplatz in exotischer Umgebung seine Rückhand zu trainieren. Ihre Anwesenheit am häuslichen Herd ist sehr zu empfehlen, und Sie haben – das sollte nicht vergessen werden – auch gewisse geheiligte Pflichten zu erfüllen.

Die kritischen ersten sechs Wochen

Manche Leute behaupten, ein Baby wäre während der ersten sechs Monate mit einer Pflanze vergleichbar. Möge Gott ihnen verzeihen. Seit Sie nun selbst Vater sind, wissen Sie, wie grotesk diese Behauptung ist. Es sei denn, man hätte in letzter Zeit – und ohne daß Sie es mitbekommen haben – eine Pflanzenart entdeckt hat, die nichts anderes tut, als zu essen, zu schlafen und zu schreien. Diese drei Tätigkeiten beschäftigen das Baby den ganzen Tag lang und seltsamerweise Sie gleich mit. Denn wenn jemand total unselbständig ist, dann sind es Babys. *Babys haben die Mentalität von Sozialhilfeempfängern!* Wenn die Schwelle der sechs kritischen Wochen erst einmal überschritten ist, dann merkt die Mehrzahl der Babys, daß sie besser schlafen und ausgeruhter sind, wenn sie nicht mitten in der Nacht anfangen zu schreien. Und sie beginnen sich einen normaleren Zeitablauf anzugewöhnen. Und zwar zur großen Freude ihrer erschöpften Mütter.

Was ist nun Ihre Rolle in dieser schwierigen Zeit? Sie sollten schlafen! Wir haben es bereits gesagt. Acht gute Stunden Schlaf und ein Fruchtsaft zum Frühstück dürften dafür sorgen, daß Sie den ganzen Tag in Form sind. Aber Ihre Rolle ist damit noch nicht ganz erfüllt. Ihrer Frau kommt es zu, sich um die leiblichen Bedürfnisse des Neugeborenen zu kümmern, und Sie erwartet die schwierige Mission, schwerwiegendere Entscheidungen zu treffen, nämlich bereits in diesem Alter in groben Zügen die Erziehung und die Ausbildung Ihres Kindes vorzuzeichnen. Das ist eine ziemlich ermüdende Aufgabe. Sicher. Aber Ihre Frau wird Ihnen sehr dankbar sein, wenn Sie ihr auf diese Weise einen großen

Teil der Sorgen abnehmen. Und wir wissen, daß Ihnen kein Opfer zu groß ist, um Ihrer besseren Hälfte eine Freude zu bereiten.

Die kleine Stichelei des Doktor Hermann Paull

Die Hausfrau ist jeglicher Pedanterie abhold. Sie verwirklicht sich im Praktischen.

Das Baby schreit. Warum?

Wenn man sagt: Das Baby schreit, dann ist dies sehr gelinde ausgedrückt. Es brüllt, es heult, es kreischt, und man ist immer wieder überrascht, was für einen Lärmpegel solch ein kleines Lebewesen erzeugen kann. Dieses Erstaunen hat den Beigeschmack leichter Verärgerung, denn der normale Säugling verbringt wohl den größten Teil seiner Zeit damit, Ihnen die Ohren vollzuheulen, Ihnen und Ihren Nachbarn.

Warum schreit er?

Nur um Sie zu ärgern? Nicht unbedingt, sondern:

- Weil er Hunger hat.
- Weil er Durst hat.
- Weil es ihm zu heiß ist.
- Weil er friert.
- Weil er nasse Windeln hat.
- Weil er seine Zähnchen bekommt (in diesem Alter ein Zeichen von Frühreife).
- Weil er im Dunkeln Angst hat.
- Weil ihn die Sonne blendet.
- Weil eine Ratte sich in seine Wiege geschlichen hat.
- Weil er eine Sicherheitsnadel in seiner Windel hat.
- Weil er sich den Kopf gestoßen hat.
- Weil er müde ist.
- Weil er nicht müde ist.
- Weil das Fläschchen zu heiß ist.
- Weil es ihm nicht möglich ist, auch nur einen zusammenhängenden Satz zu bilden, und ihm daher nichts anderes einfällt.
- Weil sich Tante Minna über die Wiege gebeugt hat (Sie, verehrter Leser, sind mittlerweile an das Gesicht der Tante gewöhnt, aber erinnern Sie sich noch, wie sehr Sie erschrocken waren, als Sie dieses Gesicht zum ersten Mal gesehen haben?).

Wie kann man den Säugling zum Schweigen bringen?

Es gibt eine Vielzahl von Möglichkeiten.

- Stellen Sie den Grund für das Geschrei fest, und tun Sie irgend etwas, um die Situation zu ändern. Geben Sie ihm sein Fläschchen, wechseln Sie die Windeln, schieben Sie ihn in den Schatten, oder schmeißen Sie Tante Minna raus.

- Versuchen Sie es mit einem Ablenkungsmanöver: Ei, das schöne kleine Vögelchen. Guck mal, was macht das kleine Vögelchen da? Ei, und wie hübsch ist unser kleines Baby. Ist es nicht goldig! (Ihrer Phantasie sind keine Grenzen gesetzt.)
- Oder wechseln Sie über zu härteren Bandagen: Knebel, Gummiknüppel, Betäubungsgewehr.
- Wie kann man den Lärmpegel seines Geschreis reduzieren? Lassen Sie das Zimmer schallisolieren (ähnlich wie bei einer Gummizelle). Bringen Sie das Kleine im Anbau unter, oder wandern Sie in die Innere Mongolei aus.

Wie kann man das Kleine zum Schreien bringen?

Diese Frage mag Sie überraschen, aber es wäre absolut nicht normal – ja sogar beunruhigend –, wenn das Baby aufhören würde zu schreien, und sei es nur für einige Augenblicke. Diese Ruhe müßte Sie total nervös machen. Eine längere Ruhepause während der Wachzeit des Babys ist ein Zeichen von Gefahr. Sollte diese Ruhepause fünfundvierzig Sekunden überschreiten, so müssen Sie unbedingt eingreifen. Ohrfeigen Sie das Baby, oder schießen Sie in die Luft. Nicht auf das Kind, sonst könnte sich sein Schweigen auf Dauer verlängern. Zeigen Sie ihm ein Foto von Tante Minna. Das Schreien fängt wieder an, alles ist normal. Sie können beruhigt sein.

Wie man den Zwerg verpflegen sollte

Groß ist die Auswahl in diesem Zusammenhang nicht. Tatsächlich gibt es nur zwei nennenswerte Möglichkeiten: Brust oder Fläschchen. Alle anderen Ernährungsweisen wie Pizza, Chili con carne, Sauerbraten mit Knödeln oder ähnliches scheiden aus. Auch Leberpastete ist nicht das richtige. Babys mögen keine Leberpastete. Ihr Geschmackssinn ist erst sehr schwach ausgeprägt, und alles, was wirklich gut schmeckt, sagt ihnen nicht zu. So können zum Beispiel neun von zehn Babys einen Müller-Thurgau nicht von einem Spätburgunder Weißherbst unterscheiden. Wie schon gesagt: ein ziemlich schwach entwickelter Geschmackssinn. Also geben Sie nicht zuviel Geld aus, wenn Sie ihnen eine Freude machen wollen. Vertrauen Sie auf unsere lange Erfahrung. Ein bißchen Milch, und Sie haben Ihre Ruhe. Aber welche Milch? Gute Frage. Folgende Milchsorten können Sie von vornherein aus Ihrer Liste streichen:

- Reinigungsmilch
- Kokosnußmilch
- Löwenzahnmilch

Streichen Sie gleichfalls aus Ihrer Liste Ziegenmilch, Schafmilch, Katzenmilch, Hundemilch, Walfischmilch oder die Milch von anderen Säugetieren, ausgenommen die der Kuh und die der Frau. Man hat tatsächlich festgestellt, daß die Milch dieser beiden Wesen einen ungefähr vergleichbaren Gehalt an Fett und Kohlehydraten hat.

Was soll man dann also wählen? Wieder eine gute Frage! An dieser Stelle sollte angemerkt werden, daß davon abzuraten ist, das Baby direkt am Euter der Kuh trinken zu lassen,

selbst wenn Sie auf dem Land in der Nähe eines Bauernhofes wohnen sollten. Es ist jedoch nicht verboten, es direkt am Busen einer Frau trinken zu lassen. Von nun an kann man also die Auswahl, die zu treffen ist, zusammenfassen unter den beiden Stichworten: Brust oder Fläschchen? Jedes von beiden hat Vor- und Nachteile. Und glauben Sie ja nicht, daß dieses Problem Sie nicht betrifft.
Ihre Frau hat sich diese Frage bereits gestellt, und es kann sein, daß sie diesbezüglich Ihren Rat sucht. Sollte sie Ihre Meinung hierzu nicht einholen, dann zögern Sie nicht, sie ihr trotzdem zu sagen. Nur weil man selber keinen Busen hat, muß man sich noch lange nicht den Mund verbieten lassen.

Das Stillen

Das Stillen des Babys hat viele Vorteile:

- Die Muttermilch stärkt das Kind, indem sie das Immunsystem des Kleinen während dieser sechs kritischen Wochen anregt und unterstützt.
- Die Muttermilch ist leicht verdaulich und hat immer die richtige Temperatur. Es ist nicht nötig, die Brust vor dem Stillen anzuwärmen.
- Die Muttermilch kostet keinen Pfennig.
- Es ist nicht nötig, die Brust in kochendem Wasser zu desinfizieren, ja wir möchten sogar ausdrücklich davon abraten.
- Eine Frau, die stillt, hat pralle Brüste.
- Sollte Ihnen die Milch für den Frühstückskaffee ausgehen, dann brauchen Sie sich nicht extra in den Supermarkt zu bemühen. Ein kleiner Druck auf den Busen Ihrer Lebensgefährtin – und hopp ...!
- Und vor allen Dingen, *vor allen Dingen*: Sie brauchen nie-

mals mitten in der Nacht oder in der Morgendämmerung aufzustehen, um dem Kleinen das dämliche Fläschchen zuzubereiten.

Die Gnädige wird das alles auf sich nehmen mit Hilfe ihrer zwei praktischen kleinen (oder großen) Wölbungen, und niemand kann Ihnen einen Vorwurf daraus machen, wenn Sie Ihre Frau sich alleine darum kümmern lassen. Das ist nämlich ein ganz natürlicher Vorgang.

Die Richtigstellung des Doktor Hermann Paull

Die schauerlichsten Legenden ranken sich um das erste Stillen des Kindes. Manche Leute behaupten, der erste Schub Muttermilch sei tödlich. Es versteht sich von selbst, daß es sich hierbei um Hirngespinste handelt. Die Natur hat keine giftige Muttermilch hervorgebracht.

Die Reaktion der Autoren hierauf

Und giftige Pilze hat sie wohl auch keine hervorgebracht, oder wie ...? Nun sag schon, Hermann!

Im Lauf der Zeit werden einige junge Väter jedoch auch die Nachteile dieser Methode entdecken:

– Früher oder später wird man das Baby entwöhnen müssen. Und das gibt Probleme.
– Es ist unmöglich, sich in einer romantischen Anwandlung die Mutter des Kleinen »zur Brust zu nehmen«, ohne einen Strahl Milch ins Auge zu kriegen.
– Während der sechs kritischen Wochen sind Sie in Ihrer Bewegungsfreiheit stark eingeschränkt, weil Ihre Frau alle drei bis vier Stunden stillen muß.

Andererseits ist die Praxis des Stillens sehr einfach, und das muß auch berücksichtigt werden. Sobald das Kind anfängt zu schreien, dann:

a) holen Sie es,
b) geben Sie es Ihrer Frau.*

Ohne Sie irgendwie beeinflussen zu wollen, finden wir, daß das Stillen durch die Mutter sehr viele Vorteile hat. Um Ihnen jedoch die Möglichkeit zu geben, frei Ihre Wahl zu treffen, wollen wir genauso unparteiisch die Vor- und Nachteile der Flaschenernährung untersuchen.

Bis zu welchem Alter sollte man stillen?

Seien Sie konsequent. Einige junge Mütter stillen bis zum sechsten oder achten Monat. Ja manche sogar, bis das Baby seine ersten Zähnchen bekommt. Unsere christlich-abendländische Moral setzt den Zeitpunkt für das Ende des Stillens irgendwo zwischen drei Monaten (Entwöhnung) und fünfundsiebzig Jahren (Senilität) an. Dieser Zeitraum erscheint uns angemessen.

Das Fläschchen.

Eines sei gleich zu Anfang gesagt: Es bietet nicht so viele Vorteile wie das Stillen.

– Jedoch kann man mittels des Fläschchens die Menge der durch das Baby aufgenommenen Milch besser kontrollieren.
– Die Ernährungsumstellung im Alter von drei Monaten geht nicht so abrupt vor sich.

* Sie können es Ihre Frau auch selber holen lassen.

Was die Nachteile betrifft, so haben wir einige zusammengestellt:

- Das Zubereiten des Fläschchens dauert Stunden,
- Babymilch kostet ein Vermögen.
- Um die Gerätschaften, die zur Zubereitung des Fläschchens nötig sind, unterzubringen, braucht man alleine schon einen ganzen Schrank.
- Außerdem ist es viel schwieriger, Ihre Frau davon zu überzeugen, daß nur sie die geeignete Person ist, dem Baby um drei Uhr morgens das Fläschchen zu geben; beim Stillen erübrigt sich eine diesbezügliche Debatte.
- Selbst wenn es Ihnen gelingen sollte, sie zu überzeugen, dann ist es sehr wahrscheinlich, daß das Geschrei des Kleinen während der Zubereitung seines Fläschchens Sie trotzdem aufwecken wird.
- Manchmal dauert es Monate, bis Sie die richtige Milch für Ihr Baby finden.

- Oder Sie finden die passende Milch gar nicht, und dann muß Ihre Frau doch stillen.
- Selbst wenn es Ihnen gelingt, der Fron des Fläschchenzubereitens zu entgehen, werden Sie es wohl kaum schaffen, sich um die Sterilisation des Fläschchens herumzudrücken.

Was die Technik des Fläschchengebens angeht, so könnte man allein darüber schon mehrere Bücher schreiben!

a) Während das Baby schläft, sterilisieren Sie die Fläschchen in kochendem Wasser, oder Sie sterilisieren sie kalt in einer Desinfektionslösung.
b) Die Gummisauger werden unter fließendem Wasser ausgewaschen.
c) Man schüttet in das Fläschchen – und nicht daneben – die genaue Menge der zu verabreichenden Milch. Diese Menge ändert sich von Tag zu Tag. Fügen Sie nun eine Antikariestablette hinzu, die Sie vorher zwischen zwei Teelöffeln zerkleinert haben, dreißig Tropfen Vitaminlösung und – falls nötig – einige Flocken Instantnahrung.
d) Jetzt warten Sie, bis das Kleine anfängt zu schreien.
e) Füllen Sie nun das Fläschchen mit kohlensäurefreiem Mineralwasser, obwohl wir festgestellt haben, daß kohlensäurehaltiges Mineralwasser das Bäuerchenmachen erleichtert.
f) Wärmen Sie das Ganze im Wasserbad an.
g) Kontrollieren Sie die Temperatur, indem Sie ein wenig auf Ihren Handrücken tröpfeln lassen.
h) Laufen Sie schnell in die nächste Apotheke und kaufen Sie sich Brandsalbe für Ihren Handrücken.
i) Nun müssen Sie sich gedulden, bis die Milch lauwarm geworden ist (denken Sie an Ihre Gehörstöpsel), oder set-

zen Sie eine neue Mischung an (mit kohlensäurefreiem Mineralwasser).

j) Achten Sie darauf, daß sie nicht zu kalt ist, sonst müßten Sie wieder von vorn anfangen.
k) Schrauben Sie den Sauger auf. Es ist wichtig, daß er fest sitzt, sonst kippen Sie den ganzen Inhalt des Fläschchens über Ihren Kleinen.
l) Ziehen Sie sich wasserfeste Kleidung über.
m) Stürzen Sie sich auf die Wiege, schälen Sie den Schreihals heraus, und halten Sie ihn im Arm, oder legen Sie ihn Ihrer Frau in den Arm. Obwohl, so, wie die Dinge stehen ...
n) Halten Sie ihm nun das Fläschchen mit dem Sauger nach vorne hin und lassen Sie das Kind trinken. Aber nicht zu schnell.
o) Warten Sie, bis das Kleine fertig ist.
p) Bringen Sie es dazu, sein Bäuerchen zu machen.
q) Legen Sie das gesättigte Kind wieder in seine Wiege.
r) Wischen Sie Ihre wasserfeste Kleidung ab.

Natürlich hat auch diese Methode ihre Vorteile. Natürlich ... Übrigens: Sollten Sie tatsächlich irgendwelche Vorteile an dieser Methode feststellen können, dann zögern Sie nicht, uns dies mitzuteilen.

Das Gebot des Doktor Hermann Paull

Eine Mutter hat die geheiligte Pflicht, ihr Kind selbst zu stillen – es sei denn, ihr Gesundheitszustand macht ihr dies unmöglich.

Wie bringt man das Kleine dazu, Bäuerchen zu machen?

Jeder Kinderarzt, der etwas auf sich hält, wird Ihnen einen stundenlangen Vortrag über die Wichtigkeit des Bäuerchens nach der Mahlzeit halten. Bitte erlauben Sie uns, Ihnen das Ganze etwas zusammengefaßt wiederzugeben, und zwar indem wir vor allem zwei wichtige Aspekte des Bäuerchens herausstellen:

- Wenn das Baby sich nach der Mahlzeit im Schlaf auf den Rücken drehen würde, dann könnte erbrochene Milch zum Ersticken führen.
- Da das Kleine noch nicht sprechen kann, benutzt es das Aufstoßen nach der Mahlzeit dazu, sein Wohlbehagen und seine Zufriedenheit auszudrücken (es handelt sich hierbei um eine alte orientalische Form der Höflichkeit).

Also: Höflichkeit und Sicherheit – zwei Hauptgründe für das Bäuerchen. Wie geht man nun im einzelnen vor?

Die normale Methode:

Werfen Sie das Kleinkind über Ihre Schulter wie einen Sack Kartoffeln, und klopfen Sie ihm zärtlich auf den Rücken. Vergessen Sie nicht, vorher einen Regenumhang anzulegen. Sehr oft wird nämlich das Bäuerchen von einem ziemlich umfangreichen Spucken (»Kötzeln«) begleitet, und das könnte eventuell Ihre Lieblingskaschmirjacke ruinieren. Dies wiederum könnte Sie in der Ausbildung Ihrer väterlichen Zuneigung dem Kleinen gegenüber weit zurückwerfen. Vorsicht! Wie bereits in einem der vorangegangenen Paragraphen erläutert: Die Lautstärke, zu der das Baby fähig ist, ist umgekehrt proportional zu seiner Körpergröße. Seien Sie vorgewarnt – sein Bäuerchen kann überraschend laut sein.

Vorgehen in Notfällen:
Einige verkrampfte Babys weigern sich standhaft, ein Bäuerchen zu machen. Und selbst leichtes Schlagen mit der flachen Hand auf den Rücken wird Sie keines Besseren belehren. Das ist sehr, sehr ärgerlich – vor allem dann, wenn Sie gerne ins Bett gehen würden. Hier gibt's nur eine Lösungsmöglichkeit: Ersetzen Sie das kohlensäurefreie Mineralwasser im Fläschchen durch kohlensäurehaltiges Mineralwasser, Bier, Coca-Cola oder Rettichsaft – das funktioniert immer.

Das Kleine schläft. Warum?

Weil es müde ist. Noch müder als Sie. Obwohl es eigentlich den ganzen Tag lang überhaupt nichts tut. Aber eins müssen wir zugeben: Da, wo es herkommt, hat es noch weniger getan. Es geht ihm ähnlich wie einem türkischen Zollbeamten. Alles macht ihn müde. Essen, die Augen öffnen, Arme und Beine bewegen: alles! Ja sogar das Schlafen ermüdet ihn. Babys schlafen bis zu zwanzig Stunden täglich. Und mit diabolischer Genialität wachen sie genau dann auf, wenn es Ihnen am liebsten wäre, daß sie schliefen. Zum Beispiel, wenn das Essen auf dem Tisch steht, die zweite Halbzeit beginnt oder dann, wenn Sie gerade selbst beim Einschlafen sind – d. h. mitten in der Nacht. Jedoch ist dies meist kein böser Wille. Das Baby kann noch nicht zwischen Gut und Böse unterscheiden. Es ist also keine böse Absicht, wenn es die ganze Nacht durchschreit, und Sie sollten ihm deswegen nicht zürnen. Irgendwann, eines schönen Morgens, werden Sie plötzlich aufschrecken, Ihr Herz wird bis zum Hals schlagen, und Sie werden mit Erschrecken feststellen, daß Sie eine ganze Nacht durchgeschlafen haben. Bewegt werden

Sie zur Wiege eilen, in der der kleine Engel ganz friedlich schlafend liegt. Zum ersten Mal hat er eine ganze Nacht durchgeschlafen. Die sechs kritischen Wochen sind überstanden.

Für unsere ängstlichen Leser sei etwas ganz deutlich vorausgeschickt: *Babys verfügen im allgemeinen über eine eiserne Gesundheit.* Und das ist doch eigentlich sehr beruhigend, oder? Weil sie so blutjung sind, ist es unwahrscheinlich, daß sie dem Delirium tremens, einem Bruch des Oberschenkelhalsknochens, einem Herzinfarkt oder ähnlichen Krankheiten zum Opfer fallen könnten. Es ist also unnötig, sich alle fünf Minuten auf das Würmchen zu stürzen und es zu schütteln, um festzustellen, ob es noch lebt.
Weiterhin ist es unnötig, sich den Kopf mit medizinischem Fachwissen vollzustopfen. Dies würde wahrscheinlich nur dazu führen, daß zu der vorherrschenden Unsicherheit im Schoße Ihrer Familie noch weitere unberechtigte Angstgefühle hinzukämen. Aber wir müssen uns trotzdem bewußt sein – und das ist das mindeste –, daß das Kind einer gewissen Anzahl von kleinen, ganz spezifischen Krankheiten nicht entgehen wird. Deswegen ist es wichtig, die Symptome folgender Krankheiten nicht miteinander zu verwechseln:

1. Pemphigus oder Blasensucht (gefährliches Leiden, bei dem Blasen, die mit gelblichem Blutwasser gefüllt sind, die bis dahin gesunde Haut und Schleimhaut bedecken. Es erfolgt die Bildung von Blutergüssen. Nach dem Aufbrechen heilen die Blasen unter Krustenbildung ab. Bisweilen führt diese Erkrankung zum Tode).
2. Strophulus (stark juckende Schwellungen. Aussehen ähnlich wie bei Lepra, Haut meist bis aufs Blut aufgekratzt).
3. Skrofulose (chronische Entzündung der Nasenschleim-

häute, geschwollene, aufgedunsene Oberlippe, Lymphknotenschwellungen).

4. Omphalitis (ekzemartige häufige Ausschläge von gelblichgrüner Farbe mit unangenehmem Geruch, Fieber, Gefahr einer Blutvergiftung).
5. Infantile Dyspepsie (Stuhl graugrün und flüssig, unruhiger, nervöser Allgemeinzustand, Erbrechen, kränkliches Aussehen, manchmal greisenhafter Gesichtsausdruck).

All diese Krankheiten sollte man tunlichst nicht mit der Humboldtschen Pest verwechseln (wächserne Gesichtsfarbe, Verkrampfung der Kinnpartie, Krämpfe in den Gliedmaßen, Augäpfel verdreht, Eiterbeulen in den Achselhöhlen).

Aber, wie gesagt, obwohl (allgemein gesprochen) das Kleine meistens über eine eiserne Gesundheit verfügt, hat es doch manchmal mit kleineren Schwierigkeiten zu kämpfen, die vor allem für seine Umgebung sehr störend sein können. Allen voran natürlich das bekannte infernalische Dreieck: Durchfall, Verstopfung, Erbrechen. Das Kleine befindet sich quasi ständig auf einer Art Gratwanderung, die sehr auf die Nerven gehen kann und deren Ursachen noch lange nicht ausreichend wissenschaftlich erforscht sind.
Der junge Vater, der in seiner Naivität versucht, eine Lösung für dieses Problem zu finden, dieser junge Vater wird nur noch wie Sisyphus von einem Punkt des Dreiecks zum anderen hasten und dabei immer wieder in der Apotheke landen. Denn der Apotheker ist eine der Schlüsselfiguren dieser Periode. Sie besuchen ihn regelmäßig, manchmal sogar mehrmals am Tag. Langsam, aber sicher beginnen Sie, seinen weißen Kittel sowie sein kleinkariertes Aussehen und die ebenfalls kleinkarierten Ratschläge, die er Ihnen gibt, zu schätzen.

Sie werden Ihr Kind mit Karotten vollstopfen, und danach werden Sie ihm Dörrpflaumen verabreichen. Es folgen zerquetschte Bananen, Orangensaft, Glycerinzäpfchen, Medikamente, Einläufe etc. ... Wie alle Väter vor Ihnen werden Sie schließlich drei Grundprinzipien, drei grundlegende Wahrheiten, drei geheiligte Axiome aus diesem ganzen Vorgang ableiten, die man eigentlich in Goldlettern über den Portalen der Entbindungsstationen einmeißeln sollte:

1. *Wenn das Baby nicht gerade an Verstopfung leidet, dann hat es Durchfall.*
2. *Wenn es gerade keinen Durchfall hat, dann leidet es an Verstopfung.*
3. *In beiden Fällen erbricht es sich regelmäßig.*

Es gibt Momente im Leben, in denen man die Dinge nehmen muß, wie sie sind. Der goldrichtige, nicht zu harte und nicht zu weiche Stuhl, das leichte, dem Alter angemessene Aufstoßen, dieses Geschenk wird das Kleine uns nicht machen. Uns nicht. Oder aber erst später dort oben in einer besseren Welt.

Die Erkenntnis von Doktor Hermann Paull

Ein gesundes Kind scheidet zehnmal pro Tag Harn aus und hat dreimal innerhalb von vierundzwanzig Stunden Stuhlgang.

Die Reaktion der Autoren hierauf

Ist das nicht furchtbar?

Ein anderes Problem, das der Säugling seiner Umgebung aufbürdet, ist *der wunde Popo*. Es kann vorkommen, daß Ihre Lebensgefährtin – entweder weil sie total erschöpft ist oder weil sie gerade mit etwas anderem beschäftigt war – nicht sofort bemerkt, daß das Kleine in seine Windeln gemacht hat. Manchmal kommt es nämlich vor, daß keinerlei verdächtiger Geruch die Nasenflügel der überforderten Mutter in Alarmbereitschaft versetzt. Resultat: Das goldige Popöchen mariniert in einer erbarmungslosen Mischung aus Kot und Urin. Säuren greifen die empfindliche Haut an, und es kommt zu Rötung, Wundsein, Entzündungen, nässenden Wunden, offenen Geschwüren und allem, was dies so mit sich bringt. Auch für diesen Fall sollte eigentlich die Apotheke eine Lösung bieten. Der Apotheker wird Ihnen zu Salben raten, die er eventuell sogar selbst zusammengerührt hat (und zwar auf Wasserbasis oder mit dreiprozentigem Alkohol). Diese farbigen Fläschchen enthalten eine blutrote oder scheußlich violette Masse, mit der Sie sich vor allen Dingen die Finger verschmieren werden. Das läßt sich nicht vermeiden. Das läßt sich auch nicht mehr abwaschen. Der Apotheker drückt Ihnen das alles in die Hand und wünscht Ihnen viel Erfolg. Denn eines versteht sich von selbst: Wunder Popo ist nicht gleich wunder Popo.

In manchen Fällen empfiehlt sich die Anwendung dicker Salben, die die Haut schützen, – in anderen Fällen ist es angebracht, die wunden Körperstellen zunächst einmal trocknen zu lassen und sie dann mit der knallroten Flüssigkeit einzupinseln. *Betadin* oder *Eosin*? Wofür soll man sich entscheiden? Wer kann einem raten? Wann sollte man es in großen Mengen draufschmieren und wann nur vorsichtig auftupfen? Was kann man überhaupt tun?

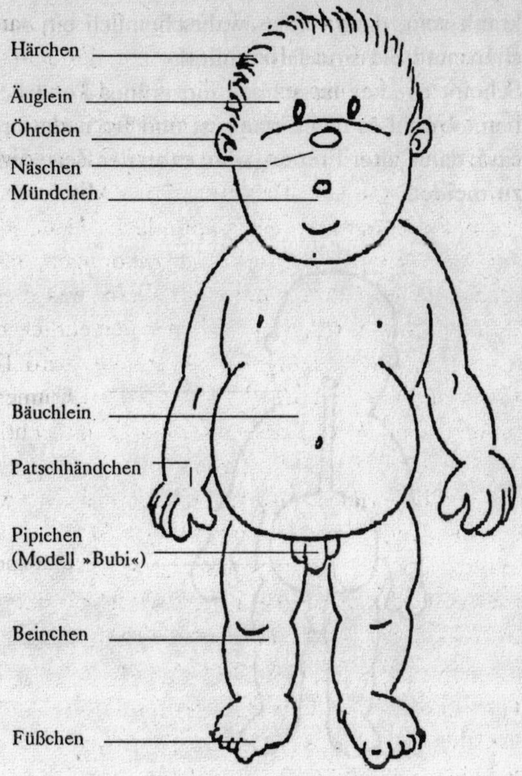

Abb. 1 Anatomie des Babys

Hilfe ...!
Andererseits sollte man nicht vergessen, daß es besser ist, ein rotes Popöchen zu haben als ein grünes. In diesem Punkt stimmen wir wohl alle überein.

- Sollte Ihr Kind ein grünes Popöchen haben, dann ist es sehr krank.
- Sollte Ihr Baby ein grünes Popöchen haben und nicht

krank sein, dann hat es wahrscheinlich ein rotes Popöchen, und Sie sind farbenblind.

– Scheint es aber tatsächlich ein grünes Popöchen zu haben, obwohl es nicht krank ist und Sie nicht farbenblind sind, dann, alter Freund, wäre es an der Zeit, den Alkohol zu meiden.

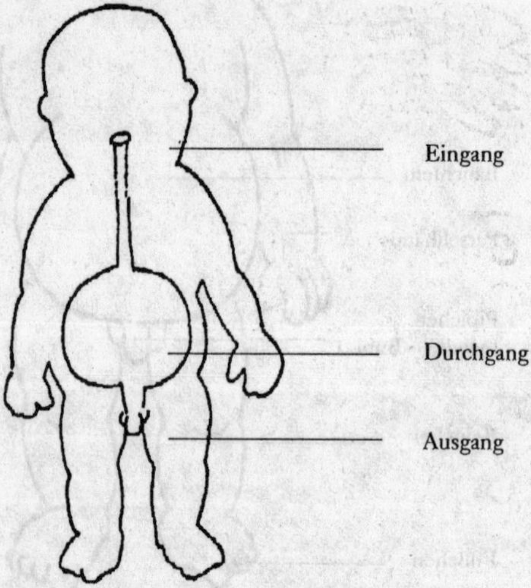

Abb. 2 Der Verdauungsapparat

Der dritte Grund, weshalb man auf Baby wütend werden könnte, ist *seine Vorliebe für Dauerschnupfen*. Ohne Übertreibung könnte man es Herrn Tropfnase nennen. Es sei denn, daß es sich um ein Mädchen handelt. In diesem Fall könnte man sie Fräulein Tropfnase nennen. Es stimmt, daß seine Nase noch winzig klein ist, und trotzdem läuft sie andauernd. Es grenzt an ein Wunder, daß so eine winzige Nase solche Flüssigkeitsmengen auszuscheiden vermag.

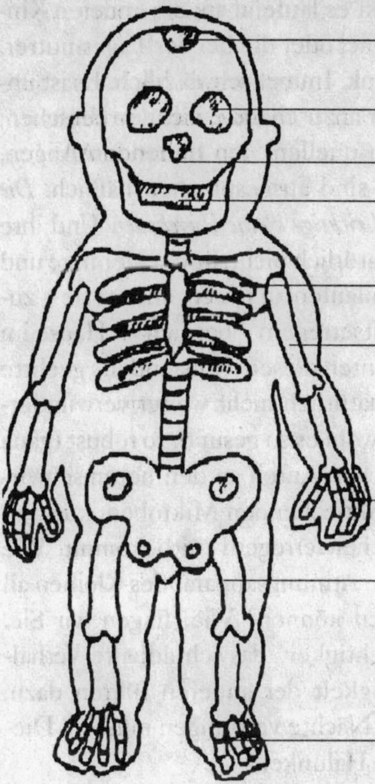

Abb. 3 Das Skelett

Unsere Vorväter wußten genau, was sie taten, wenn sie kleine Kinder als Rotznasen bezeichneten. O ja, das einzig wirklich Schlimme an der Sache ist, daß das Ganze dem Kleinen auf die Bronchien schlägt. Sie sind ein aufmerksamer Beobachter, und es wird Ihnen sicher nicht entgehen, daß das Baby ein Opfer seiner Umgebung ist, was Schnupfen, Angina, Bronchitis, Kehlkopfentzündung und andere Unannehmlichkeiten angeht. Irgend jemand steckt es laufend an: die anderen Kinder in der Krippe zum Beispiel oder die bei der Tagesmutter. Die sind nämlich immer krank. Immer schwächlich. Es ist unglaublich. Sie sind furchtbar anzuschauen, mit den Bläschen, die aus ihren Nasenlöchern quellen, den tränenden Augen, dem pfeifenden Atem. Sie sind ausgesprochen häßlich. *Die Kinder der anderen Leute sind richtige kleine Ungeheuer*. Und ihre gefühllosen Eltern zögern natürlich nicht, ihre schleimige und ansteckende Brut frei herumlaufen zu lassen, anstatt sie – zusammen mit ihren Krankheitserregern – bei sich zu Hause im Warmen einzuschließen. Unter diesen Umständen, geehrte Freunde und Leser, ist es natürlich nicht weiter verwunderlich, daß auch Ihr Baby – obwohl es so gesund, so robust (ganz der Vater) ist – seinen täglichen Anteil an den herumschwirrenden Viren, an den herumkriechenden Mikroben, kurz, an all diesen bösartigen Krankheitserregern mitbekommt. Wie sollte auch der noch anfällige Atmungsapparat des Kleinen all diesen Angriffen standhalten können? Wie, fragen wir Sie. Und die böswillige Ungerechtigkeit, das schuldhafte Verhalten, die Verantwortungslosigkeit der anderen führen dazu, daß Sie schlaflose und harte Nächte verbringen müssen. Diese Schurken, diese elenden Halunken!

Bisher haben wir uns nur mit der körperlichen Gesundheit des Babys beschäftigt. Aber es ist auch nötig, sich kurz der geistigen, der seelischen Gesundheit des Kindes zuzuwenden. Absolut nötig. Denn obwohl es auf den ersten Blick nicht so scheinen mag, ist der Säugling mehr als ein störanfälliger Verdauungsapparat. Er ist gleichzeitig ein menschliches Wesen mit einem Gefühlsleben. Doch, doch! Das stimmt, ehrlich ...! Es reicht nicht aus, ihn zu beherbergen, seine Wäsche zu waschen, ihn zu ernähren (womit die meisten von uns schon zufrieden wären). Man muß ihn lieben, ihm zulächeln, mit seinen

Händchen spielen, ihm irgendwelchen Schwachsinn ins Ohr flüstern, nach dem Fläschchen ein bißchen Konversation mit ihm führen ... Es ist der reine Wahn! Prosaisch ausgedrückt: Sie müssen sich dessen bewußt sein, daß die Umgebung des Bambino einen prägenden Einfluß auf sein Seelenkostüm hat – ebenso wie auf das Ihre. Der Säugling braucht Leben um sich herum, Bewegung, Farben. Das Ideale wäre, ein rumänisches Ballett zu engagieren und bei Ihnen zu Hause ständig auftreten zu lassen. Von Übertreibungen ist jedoch abzuraten, besonders von zu starkem Licht und zu großem Lärm. Deswegen empfiehlt es sich, dem Baby folgendes zu ersparen:

- handgreifliche Ehekräche,
- hysterische Ausbrüche seiner Eltern,
- lautstarke Streitgespräche,
- Prügeleien zwischen Betrunkenen,
- Akte der Plünderung oder Lynchjustiz bzw. öffentliche Hinrichtungen,
- das Abfeuern schwerer Geschütze,
- nächtliche Bombenteppiche,
- die Sylvesterfeier auf der Terrasse eines Pyromanen.

Der infame Vorschlag des Doktor Hermann Paull

Wenn das Kind auf die Welt kommt, ist es mittellos, hilflos und nackt. Es ist ganz und gar von seinen Eltern abhängig. Wenn man es sich selbst überließe, würde es schnell sterben.

Noch ein Rat: Besorgen Sie sich vor dem Wochenende auf alle Fälle die Adresse der nächstgelegenen Apotheke mit Wochenenddienst. Rechnen Sie damit, vielleicht in einem Notfall mit Ihrem Wagen dort hinfahren zu müssen. Haben Sie daran gedacht, Ihr Reserverad zu überprüfen?*

* Vgl. Seite 74

Ein Spiel:
Baby schläft

Uns ist eine gewisse Ähnlichkeit zwischen den sechs ersten Monaten Ihres Daseins als junger Vater und einem Mensch-ärgere-Dich-nicht-Spiel aufgefallen. Beiden ist gemeinsam, daß man versucht, so schnell wie möglich ans Ziel zu kommen, d. h. hier, das Baby zum Schlafen zu bringen.

Wir haben uns für Sie umgesehen und ein Spiel entdeckt, von dem wir glauben, daß es Ihrer augenblicklichen Lage weit mehr entspricht als das althergebrachte obengenannte und auf das Sie sich daher mit Feuereifer stürzen werden: Baby-o-poly. Leider sind die Regeln *dieses* Spiels nicht so einfach, wie es auf den ersten Blick scheinen mag. Besorgen Sie sich einen Würfel. Der Mitspieler mit der höchsten Punktzahl fängt an. Sollte ein Mitspieler sieben Punkte haben, so seien Sie auf der Hut: Er schummelt. Sobald ein Mitspieler mit einem Zug über das Feld 25 hinauskommt, muß er mit seiner Figur rückwärts ziehen.

Besondere Felder:

- Kommt ein Spieler auf das Feld 2 (Teddybär), darf er noch einmal würfeln.
- Der Spieler, der auf Feld 3 (Fläschchen) kommt, rückt bis Feld 10 (Sterilisationsgerät) vor.
- Auf dem Feld 5 (Weinen) müssen Sie einmal aussetzen.
- Kommen Sie auf das Feld 7 (Erbrechen), so müssen Sie auf das Feld 4 (Drogerie) zurück.
- Vom Feld 9 (Durchfall) müssen Sie auf Feld 6 (Watte und Penatencreme) zurück.

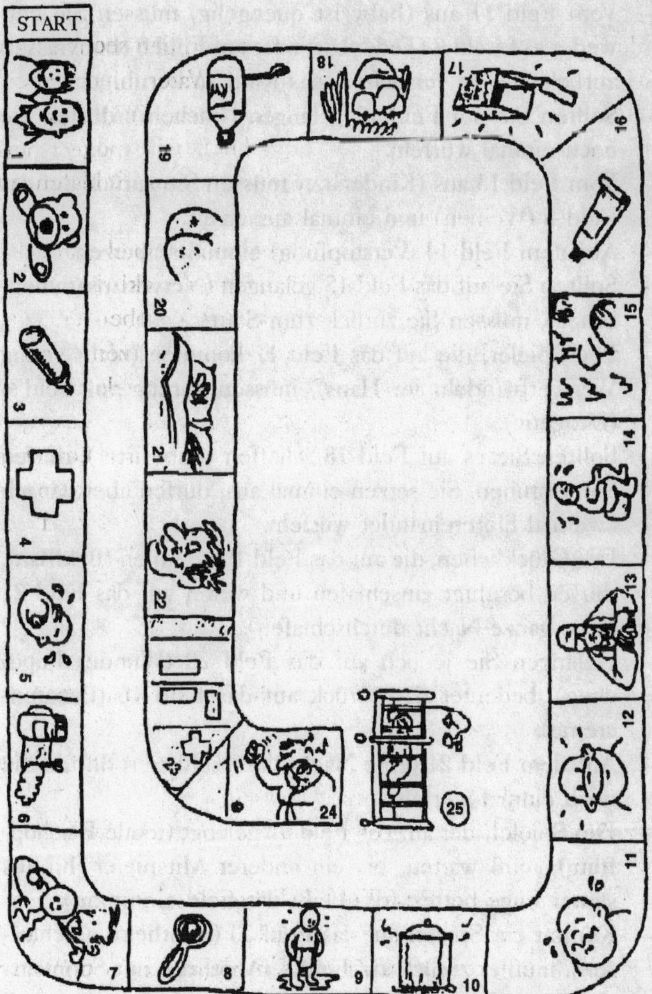
START
1
2
3
4
5
6
7
8
9
10
11
12
13
14
15
16
17
18
19
20
21
22
23
24
25

Sollte ein Mitspieler auf das Feld 10 (Sterilisator) kommen, dann muß er auf das Feld 5 (Weinen) zurück und folglich einmal aussetzen.

- Vom Feld 11 aus (Baby ist quengelig) müssen Sie entweder auf Feld 2 (Teddybär) oder auf Feld 8 (Babyrassel) zurück, um zu versuchen, das Kind zu beruhigen.
- Sollten Sie auf Feld 12 gelangen (Lächeln), dürfen Sie noch einmal würfeln.
- Vom Feld 13 aus (Kinderarzt) müssen Sie zurück auf das Feld 5 (Weinen) und einmal aussetzen.
- Auf dem Feld 14 (Verstopfung) einmal aussetzen.
- Sollten Sie auf das Feld 15 gelangen (Nervenzusammenbruch), müssen Sie zurück zum Start.
- Die Spieler, die auf das Feld 17 kommen (nicht genug Wegwerfwindeln im Haus), müssen zurück auf Feld 4 (Drogerie).
- Sollten Sie es auf Feld 18 schaffen (Babysitter), dürfen Sie ausruhen. Sie setzen einmal aus, dürfen aber danach zweimal hintereinander würfeln.
- Die Glücklichen, die auf das Feld 19 kommen (Baldrian), dürfen beruhigt einschlafen und weiter auf das Feld 21 (eine ganze Nacht durchschlafen).
- Gelangen Sie jedoch auf das Feld 20 (Wundes Popöchen), bedeutet das zurück auf das Feld 16 (Penatencreme).
- Auf dem Feld 21 (eine Nacht durchschlafen) dürfen Sie noch einmal würfeln.
- Der Spieler, der auf das Feld 22 gelangt (totale Erschöpfung), muß warten, bis ein anderer Mitspieler ihn aus seiner Lage befreit (das heißt das Feld einnimmt).
- Kommt ein Spieler auf das Feld 23 (Apotheke geschlossen), muß er zurück auf Feld 4 (Apotheke mit Sonntagsdienst).

- Landen Sie auf Feld 24 (wütende Nachbarn), müssen Sie zurück auf Feld 15 (Nervenzusammenbruch).
- Die Leser, denen dieses Spiel allmählich auf die Nerven geht, dürfen aufhören und dort weiterlesen, wo sie angekommen waren.
- Sollten Sie es bis zum Feld 25 schaffen (Baby schläft), so haben Sie nicht nur dieses Spiel, sondern auch unsere uneingeschränkte Hochachtung gewonnen!

Es gibt leider verabscheuenswürdige Väter, die der Meinung sind, daß ein Kind nur Ärger macht, teuer ist und Probleme aufgibt. Am Anfang scheinen die Umstände ihnen recht zu geben. Tatsache ist, daß *die Anwesenheit des Babys in Ihrem Haushalt irgendwie mit dem Einschlafen Ihrer sozialen Kontakte gleichzusetzen ist.* Mal abgesehen von den nächsten Angehörigen – die Sie jetzt sehr wahrscheinlich noch öfter als früher in Ihrem Wohnzimmer gewärtigen dürfen* –, bleiben die Bekannten, mit denen Sie normalerweise eine relativ enge Verbindung hatten, nun auf einmal aus. Es wird Ihnen vielleicht so vorkommen, als ob sie Ihnen gegenüber ganz plötzlich einen ungeheuren Respekt, verbunden mit einer gewissen Unsicherheit, empfinden und dazu übergehen, rings um Sie eine Art Quarantänezone einzuhalten (ganz so, als würde es sich bei Ihrer Familie um eine Gruppe Leprakranker handeln).

Deutlich gesagt wird Ihnen natürlich nichts. Man wird Sie auch weiterhin anrufen. Man wird sich weiterhin nach Ihrem Befinden erkundigen. Man wird Sie weiterhin mit herzlichen Grüßen überschütten. »Servus, wie geht's denn so ...«, und man wird Ihnen weiterhin alles Gute wünschen. Aber man wird wegbleiben. Höflich, aber bestimmt. Seien Sie deswegen niemandem böse. Diejenigen unter Ihren Freunden, die selbst Kinder haben, wissen aus Erfahrung, daß Sie nun in einem erbarmungslosen Ringen mit dem Neugeborenen begriffen sind.

Die Kinderlosen unter Ihren Freunden spüren wohl instinktiv, was vor sich geht. Da Sie von niemandem mehr einge-

* Siehe nächstes Kapitel »Rings um die Wiege«.

laden werden, werden Sie versuchen, den einen oder anderen zu sich einzuladen. Wer auch immer zu Besuch kommt, kann sicher sein, daß er herzlichst aufgenommen wird. Sie werden alles auftischen, was Küche und Keller zu bieten haben. Sie werden weder Kosten noch Mühen scheuen und Ihre Gäste mit einem frischen Meeresfrüchtebüffet bewirten. Haben Sie auch die Austerngabeln nicht vergessen?* Trotz aller Anstrengungen wird wohl keine richtige Stimmung aufkommen, und Sie werden bemerken, daß Ihr Besuch so schnell wie möglich wieder verschwinden will. Warum nur? Aus zwei ganz einfachen Gründen:

1. Ihre Freunde haben den Eindruck, daß Sie total erschöpft, gestreßt und extrem reizbar sind.
2. Sie sind total erschöpft, gestreßt und extrem reizbar.

Und nun mal ganz ernsthaft, lieber Leser, wo ist nur Ihre legendäre Lebenslust abgeblieben? Was ist aus Ihrer ansteckenden guten Laune geworden? Gehen wir mal ganz ruhig an die ganze Sache heran. Lassen wir doch einmal so ein kleines abendliches Beisammensein Revue passieren:

- Sie haben mehr Zeit im Kinderzimmer zugebracht als bei Ihren Gästen.
- Sie waren sehr nervös, vor allen Dingen die Gnädige.
- Sie haben nur von dem Kleinen gesprochen.
- Das Kleine hat laufend geschrien.
- Sie selbst haben auch geschrien.
- Sie haben die Fotos aus der Klinik gezeigt.
- Ihre Wohnung sah aus wie eine Kinderklinik nach einem Erdbeben.

* Vgl. Seite 74

- In die Hausbar hatte sich eine schmutzige Windel verirrt.
- Auf der Armlehne des Sessels lag das Fieberthermometer.*
- Überall lagen Cremetuben herum.
- Die Austern waren nicht frisch.

Kurz gesagt, Sie haben keinen Grund, stolz zu sein. Und wundern Sie sich nicht, wenn man in Zukunft einen Bogen um Sie macht.

Die Überlegung des Doktor Hermann Paull

Auf die Frage, wann man mit dem Kleinen zum erstenmal ins Freie gehen soll, gibt es keine Pauschalantwort.

Die Meinung der Autoren hierzu

Auf jede Frage gibt es eine Pauschalantwort. Klar, Hermann?!

Nun, da Ihre Freunde Sie meiden, finden Sie die einzige Ablenkung noch in Ausflügen mit Ihrer Familie. Aber sie sind selten und frustrierend. Früher, vor langer, langer Zeit, als Sie noch nicht Vater waren, was alles so unglaublich einfach: Sie beschlossen auszugehen, und Sie gingen aus. Basta! Nun ist das Baby da, und nichts ist mehr einfach.

Auf keinen Fall dürfen Sie es mit nach draußen nehmen, wenn es kalt ist, regnet, windig ist oder die Sonne zu stark scheint. Außerdem sind da die Fläschchen, die regelmäßig verabreicht werden müssen. Okay, im Lauf der Monate werden es immer weniger Fläschchen sein, das stimmt. Aber es

* In Frankreich mißt man die Temperatur nicht in der Achselhöhle oder im Mund, sondern ...! A. d. Ü.

bleibt noch genug anderes, was es Ihnen unmöglich macht, einfach auszugehen.
Nehmen wir einmal an, daß Sie es trotz allem versuchen wollen. Nehmen wir weiterhin an, daß das Wetter geradezu ideal ist. Laue Temperaturen, wolkenloser Himmel, angenehme Lichtverhältnisse (nicht zu grell), leichte Brise aus süd-südwestlichen Richtungen. Heißt das, Sie haben's geschafft? Werden sich die Tore zur Freiheit vor Ihren tränenden Augen öffnen? Nein. Jetzt ist erst mal diplomatisches oder auch autoritäres Verhalten gefragt. Ja vielleicht müssen Sie sogar drohen, damit Ihr übermüdetes Eheweib sich bereit erklärt, mit nach draußen zu kommen. Nun müssen Sie sie dazu überreden, das Kleine anzuziehen. Ja vielleicht müssen Sie ihr sogar bei dieser aufwendigen Beschäftigung zur Hand gehen. Als nächstes muß das ganze Material der Expedition zusammengetragen werden. Genau in diesem Moment wird Ihnen klar, daß die Situation sich doch entscheidend gebessert hat. Ruckzuck hat man alles beisammen, viel ist es nämlich nicht mehr. Im Idealfall brauchen Sie nur den Kinderwagen (mit der ganzen Schlafausrüstung), ein warmes Fläschchen im Thermosbehälter, zwei Sätze Windeln zum Wechseln, zwei Schlafanzüge, eine Mullwindel, eine Babyrassel und eine große, geräumige Tasche, in der man all das verstauen kann. Und natürlich – das dürfen Sie auf keinen Fall vergessen – das Baby.
Wenn Sie weiter weggehen, länger von zu Hause wegbleiben oder irgend jemanden besuchen möchten, dann kommen zu dieser Grundausstattung noch einige leere Fläschchen, die obligatorischen Sauger, Milch, Instantbabynahrung, der Flaschenwärmer und noch mehr Windeln hinzu. Das alles zusammen hat natürlich schon ein gewisses Gewicht. Von ganzem Herzen wünschen wir Ihnen, lieber Leser, daß Ihre Wohnanlage über einen geräumigen Aufzug verfügt. *Sollten*

Sie keinen Aufzug haben, raten wir Ihnen dringend davon ab, sich Kinder anzuschaffen.

Nehmen wir einmal an, Sie haben die verrückte Idee, die Nacht nicht etwa in Ihrer verwüsteten Wohnung zu verbringen, sondern außerhalb, oder sogar ein paar Tage Urlaub zu machen, dann müssen Sie unbedingt noch zusätzlich die kleine Babywippe und das Klappbett mitnehmen. Und Ohrstöpsel, das versteht sich von selbst. Unverzichtbar ist auch ein Auto. Ganz ehrlich, liebe Leser und Freunde, wir hoffen für Sie, daß der Wagen einen großen Kofferraum hat. Einen sehr großen Kofferraum. *Sollte das nicht der Fall sein, dann raten wir Ihnen davon ab, sich Kinder anzuschaffen.*

Natürlich müssen Sie den Kinderwagen auseinanderbauen, um ihn im Kofferraum unterbringen zu können, und nach Ihrer Ankunft vor Ort wieder zusammenbauen. Das Klappbett ist gleichfalls wieder zusammenzubauen. Vielleicht schaffen Sie das Ganze sogar, ohne jemanden zu verletzen, sich selbst die Finger einzuklemmen oder die Nerven zu verlieren. Sollte dies der Fall sein, dann sind Sie nicht nur ein virtuoser junger Vater, sondern ein echter Gentleman (vom Scheitel bis zum Sohle).

Tragen, tragen, das ist Ihr Schicksal während dieser ersten Monate. Tragen wie ein Lasttier, wie ein Kellner in einer Pizzeria, wie ein neuer Atlas, dem das gesamte Universum auf den Schultern ruht. Ihre Hände werden niemals leer sein. Sie werden immer etwas in den Armen halten. Ihre Knie werden unter der Last zittern. Unter einem Gebirge von Tüten, Paketen und Beuteln werden Sie zögernden und stolpernden Schrittes dahinzotteln. Und Ihrer Frau steht das gleiche Schicksal bevor. Sie werden die Ärmste schuften sehen, und Sie werden bedauern, kein Maultier geheiratet zu haben.

Der Materialaufwand, den der Säugling benötigt, ist umgekehrt proportional zu seinem Alter. Das ist das unerbittliche Gesetz des menschlichen Schicksals. Wie bereits gesagt, benötigt der Kleine mit drei Monaten einen beeindruckenden Berg an Zubehör. Mit zwanzig Jahren braucht er nur noch seine Unterhose und seine Zahnbürste, und die wird er dann meist selber tragen.

In der Zwischenzeit, geduldiger Leser, werden Sie sich mit melancholischen Spaziergängen durch Ihre nähere Umgebung zufriedengeben müssen. Sie werden diese nähere Umgebung sehr gut kennenlernen. Freudlos werden Sie über das Pflaster schleichen, den Kinderwagen vor sich her schieben und Ihr Eheweib hinter sich her zerren. Trotzdem werden Sie voller Stolz und mit kleinen Schritten diese sonntäglichen Spaziergänge für vereinsamte junge Paare erhobenen Hauptes hinter sich bringen. Es steht außer Zweifel: Ihre Lebensgefährtin ist ein sehr angenehmer Mensch, charmant und sehr attraktiv. Doch wird selbst ihre bezaubernde, tröstliche Anwesenheit Sie nicht davor bewahren, ab und zu die Abgründe einer tiefen Einsamkeit zu verspüren. Was läßt sich dagegen tun?

Seien wir mal realistisch. Die einzigen Freunde, die jetzt noch Lust haben, Sie zu sehen, sind jene, die selbst ein Kind am Hals haben. Und zwar eines, das noch kleiner ist als Ihr eigenes. Sollte es diesen Leuten gelingen, Sie zu erwischen, dann wird man Sie sicher einladen. Das steht außer Zweifel. Und jetzt mal ganz ehrlich: Haben Sie Lust, sich weinerliche Berichte über die schlaflosen Nächte anderer Leute anzuhören? Oder deren unscharfe und uninteressante Fotos aus der Klinik zu betrachten? Möchten Sie wirklich die schrecklichen Kinder dieser Leute über sich ergehen lassen?

Fauna und Flora des Kinderzimmers

Seine ersten Lebensmonate verbringt das Baby, ohne sich groß zu bewegen. Ja, die meiste Zeit befindet es sich im Schlaf. Ohne daß das Kind selbst es merkt, entsteht eine ganz eigene Welt rings um seine Wiege: Die verschiedensten pflanzlichen und tierischen Spezies siedeln sich hier an. Es wird Zeit, sie kennenzulernen.

Der Pate. Geschlecht: männlich. Meist freundlich gesonnen – es sei denn, er spricht mit sizilianischem Akzent, trägt einen dunklen Anzug und eine dunkle Sonnenbrille. Meist handelt es sich bei den Paten um Freunde des Vaters, die ihr Image pflegen, indem sie dem Bambino Spielsachen und der Gnädigen Blumen mitbringen.

Die Patin. Häufig (aber nicht immer!) das Ehegespons des Paten. Ihre geheiligte Pflicht ist die Imagepflege des kleinen Erdenbürgers. Von heißen Flirts mit der Patin ist dem jungen Vater dringend abzuraten, besonders wenn es sich bei dieser Dame um eine Busenfreundin der jungen Mutter handelt.

Der Großvater. Diese einzigartige Gattung entstammt zwei sehr unterschiedlichen Familien, nämlich der mütterlicherseits und der väterlicherseits. Traditionsgemäß besteht die Rolle des Großvaters väterlicherseits darin, dem Kleinen Gutenachtgeschichten zu erzählen (bis es schließlich eingeschlafen ist) und jedermann – ob er es wissen will oder nicht – mitzuteilen, daß das Kleine ihm wie aus dem Gesicht geschnitten ist ... Goldig, nicht wahr? Die Rolle des Großvaters mütterlicherseits hingegen – der im übrigen gleichzeitig Großvater väterlicherseits eines anderen Kindes sein kann – beschränkt sich darauf, die Einmischungen der Großmutter mütterlicherseits (auch Schwiegermutter genannt) zu entschärfen. Und das ist gar nicht so einfach!

Die Großmutter. Geschlecht: weiblich. Sympathisch, aber ungeschickt. Hauptaufgabe: Sie liefert Ihrer Frau Kochrezepte, Hausmittelchen und gutgemeinte Volksweisheiten. In der überwiegenden Zahl aller Fälle lieben Babys ihre Großmütter innig. Vor allem, weil sie sehr leicht zu manipulieren sind.

Der Onkel. Wenn sie nicht gerade in der Politik tätig sind (Onkel Stalin, Onkel Ho, Onkel Adenauer, Onkel Mitterrand), dann können sie hochinteressant sein. Gewisse Onkel sind gleichzeitig Paten. Sollte dem jungen Vater etwas passieren (was wir Ihnen natürlich nicht wünschen), treten sie in den Augen des Babys und der ganzen Familie an seine Stelle. Weil sie die Familie dann oft daheim besuchen, werden sie zum Oheim.

Die Tante. Angetraute des Onkels. Die Tante ist meistens weiblichen Geschlechts. Sollte sie in wenigen Ausnahmen männlichen Geschlechts sein, so handelt es sich hier um eine Tunte, und das kann ein schlechtes Licht auf die ganze Familie werfen.

Die Cousins. Geschlecht: männlich. Vorkommen: in Horden. Meistens sind die Cousins des Kleinen laut, brutal, aber hilfsbereit (was sie allerdings nur noch suspekter macht). Überläßt man das Baby seinen Cousins, so geht man das Risiko ein, daß sie den kleinen Engel als Zielscheibe, Kopfkissen,

Versuchskaninchen oder Torwart mißbrauchen, was im Hinblick auf sein Alter nicht sehr empfehlenswert ist.

Die Cousinen. Geschlecht: weiblich. Und dadurch noch weitaus gefährlicher als die Cousins.

Die Babysitter. Geschlecht: wechselnd. Aussehen: wechselnd. Hauptcharakteristik: phlegmatisch. Haupttätigkeit: Öffnen der Kühlschranktür, Anschalten des Fernsehapparates. Die Babysitter stellen für den Säugling keinerlei Gefahr dar, da sie – was auch immer passieren mag – fast nie das Kinderzimmer betreten.

Die Teddybären. Weiche, zarte und passive Wesen, die durch nichts zu erschüttern sind. Babys lieben Teddybären – soviel steht fest.

Die Nachbarn. Unhöflich und unangenehm. Ihr ausgeprägter Gehörsinn treibt sie mit wieselgleicher Geschwindigkeit aus ihrem Bau, sobald das Kleine auch nur ein ganz klein wenig (und ziemlich leise) anfängt zu schreien.

Die Windeln. Vertreter des Pflanzenreiches, aus der Familie der Baumwollgewächse. Sie wachsen um den Popo des Babys herum.

Andere junge Mütter. Immer häufiger vorkommende Gattung. Sie tauchen auf, sobald man mit dem Kleinen die Wohnung verläßt. Sie kommen in Herden vor und leben immer in abgegrenzten Gebieten: kleinen Parks, Kindergärten oder auch Wartezimmern von Kinderärzten.

Hat Baby Humor?

In seinen ersten Lebenswochen zeigt das Baby keinerlei Humor. Zu seiner Entschuldigung muß man sagen: Es ist gerade erst auf die Welt gekommen, und das ist überhaupt nicht lustig. Vor allen Dingen, wenn man sich überlegt, was noch alles auf es zukommt. Aber das haben wir doch wohl alle durchmachen müssen, caramba! Und wir haben's überlebt. Bis jetzt zumindest ...
Das Kleine ist noch so wunderbar jung, hat noch sein ganzes Leben vor sich und schmollt bereits. Das ist doch die Höhe. Schauen wir es uns mal näher an. Anfangs schläft und ißt es pausenlos. Besser kann es einem ja gar nicht gehen. Später beginnt es dann ein bißchen zu zappeln, schaut sich um, und sofort beginnt es eine Schnute zu ziehen. Die Welt, wie wir sie um ihn herum geschaffen haben, paßt ihm nicht. Okay, man hätte einiges besser einrichten können, aber das ist doch kein Grund, gleich das Gesicht zu verziehen, blau anzulaufen und rumzuschreien. Wenn ihm unsere Welt nicht gefällt, ist das noch lange kein Grund, sie durch sein Geschrei auch anderen verleiden zu wollen. Also, wirklich ...!
Etwas später bemerkt dieses Geschöpf dann Ihre Gegenwart, verehrte Leser, aber auch das scheint es nicht besonders zu freuen. Seine Bewegungen frieren ein, es stiert vage in Ihre Richtung, die kleinen Händchen zu Fäusten geballt, als würde es sich auf eine Prügelei vorbereiten. Dabei spiegelt sein Gesichtsausdruck ungesundes Erstaunen wider. In solchen Momenten fragt man sich, ob es überhaupt richtig sehen kann. Anscheinend kann es das in diesem Alter nämlich noch nicht.
Manchmal wiederum durchbohrt es Sie mit einem starren Blick. Es mustert Sie, als hätte es Sie gerade neben einer

Leiche überrascht, das blutige Beil noch in den Händen. Woran denkt das Kind? Überlegt es sich, inwieweit Sie an dem mitschuldig sind, was ihm gerade widerfährt? Wägt es die Chancen ab, die es hat, mit einem Vater Ihrer Art durchzukommen? Das bleibt sein Geheimnis.

Der unbegründete Ernst seiner Haltung, sein Schmollen, sein Mißtrauen der eigenen Familie gegenüber sind charakteristisch für den Säugling. Zum Glück hält diese Phase nicht lange an, und sehr bald wird das kleine rot angelaufene Gesicht in einem wunderbaren Lächeln erstrahlen. Einem Lächeln, das man am ehesten vergleichen kann mit einem Sonnenstrahl, der durch die schmutzigen Scheiben eines Vorstadtpolizeireviers fällt.

Einige negative Geister werden Ihnen erklären, daß das Kleine eigentlich gar nicht wirklich lächelt, sondern nur sein Gesicht verzieht, weil es Bauchschmerzen hat oder Blähungen. Vielen Dank für diese poetische Sichtweise der Dinge! Glauben Sie diesen negativen Zeitgenossen kein Wort: Baby lächelt wirklich. *Baby hat Humor.* Einen sehr speziellen Humor allerdings. Gerade schaute es noch ernst wie ein Totengräber drein, und im nächsten Augenblick lächelt es. Aber nur, um Sekunden später wieder sauertöpfisch oder feierlich in die Gegend zu blicken. *Baby ist ein verkappter Komiker* im Stile eines Buster Keaton oder eines Stan Laurel, mit einer ausgesprochenen Vorliebe für Wiederholungskomik.

Die Quintessenz des Doktor Hermann Paull

Kindliche Freude kommt selbst in der ärmlichsten Umgebung auf, denn sie ist von materiellen Dingen unabhängig.

Lassen Sie uns nun Babys drei Lieblingsscherze einmal näher unter die Lupe nehmen.

1. Es hat gerade sein Fläschchen getrunken (oder um genauer zu sein, den Inhalt seines Fläschchens). Sie wissen aus Erfahrung, daß nun die Zeit des Pipimachens kommt. Also legen Sie ihm noch keine Windel an und lassen ihn auf dem Wickeltisch liegen. Sie warten. Eigentlich sind Sie sehr in Eile, denn Sie müssen noch einen Artikel fertigschreiben oder ein Manuskript durchlesen oder ein feinmechanisches Bauteil nachfräsen, oder aber Sie haben eine Verabredung mit der kleinen Vanessa. Sie warten also. Und nichts passiert. Schließlich können Sie nicht mehr länger warten. Sie legen also die Windel unter das Popöchen des Kleinen und beginnen, es einzuwickeln. Und in diesem Moment pinkelt er. Alles ist naß. Sie nehmen eine andere Windel. Sie fangen das Ganze noch einmal von vorne an, und wieder »strahlt« er Sie an. Sie greifen zur dritten Windel. Diesmal scheint es zu klappen. Sie ziehen ihm sein kleines Baumwolljäckchen an. Nun kommen die kleinen Füßchen in die kleinen Hosenbeinchen des kleinen Schlafanzuges. Die kleinen Druckknöpfchen werden zugedrückt. Doch dieser Geruch, der Ihnen da plötzlich in die Nase steigt, sagt Ihnen nichts Gutes. *Dann fängt das Ganze wieder von vorne an.* Wenn das nicht lustig ist ...!

2. Baby hat gerade sein Fläschchen geleert. Sie wissen aus Erfahrung, daß nun das kleine Bäuerchen kommen muß. Sie nehmen ihn also auf den Arm. Sie reden irgendwelchen Unsinn und klopfen ihm dabei leicht auf den Rücken. Und Sie üben sich in Geduld. Wie üblich haben Sie es sehr eilig. Ihr Flugzeug wartet, der Gerichtsvollzieher auch ... oder aber das Kaffeewasser müßte endlich aufgesetzt werden. Sie war-

ten also weiter, und nichts passiert. Sie reden noch mehr Unsinn, klopfen nachdrücklicher und schütteln das Kind etwas. Da kommt endlich das Bäuerchen. Aber nicht nur das Bäuerchen. Mit einem Geräusch wie aus einem sich entleerenden Abflußrohr – einem Geräusch, das man mit keinem anderen verwechseln kann – erbricht sich Ihr Liebling auf seinen Schlafanzug und auf Ihre neue Jacke. Ganz konkret heißt das, Sie müssen ihn und sich neu umziehen. Und das bedeutet, daß Sie auf alle Fälle zu spät kommen werden. Ist dieser Witz nicht einfach umwerfend?

3. Tiefste Nacht. Das Kleine schreit. Aus Erfahrung wissen Sie, daß es von alleine nicht aufhören wird. Sie tasten sich also bis zu seinem Zimmer vor. Sie kramen es aus seinem Bettchen heraus. Sie wiegen es in Ihren Armen, indem Sie ihm irgendwelchen Blödsinn ins Ohr säuseln. Es hört auf zu schreien.
Sie sind total erschöpft. Sie gehen im Zimmer auf und ab. Sie summen ein Wiegenlied. Ihre Augen fallen Ihnen zu. Ganz vorsichtig legen Sie das Kleine in sein Bettchen zurück. Es bewegt sich nicht. Sorgfältig decken Sie es zu. Mit zwei großen, weit geöffneten Augen starrt es Sie dabei an.

Auf Zehenspitzen verlassen Sie sein Zimmer. Sie vermeiden jedes Geräusch. Wie ein Schatten gleiten Sie in Ihr eigenes Zimmer zurück. Totale Stille. Mit einem erleichterten Seufzer steigen Sie wieder in Ihr Bett. Aber schon krampft sich Ihr Herz zusammen. Das Kleine schreit wie am Spieß.
Und das kann es Ihnen zehnmal hintereinander antun. Kann man sich irgend etwas Lustigeres denken?

Ihre Scherze lassen Baby kalt – ist das normal?

Es soll vorkommen, daß einige dieser kleinen Wesen überhaupt keinen Sinn für Humor haben. Wieder andere haben einen sehr ausgeprägten Sinn für Humor und leiden folglich sehr unter den dümmlichen Scherzen ihrer Väter. Ganz unter uns, sind Sie sicher, daß Sie ein lustiger Vater sind?
Sollten Sie nur den geringsten Zweifel hieran haben, dann führen Sie mit Ihrem Kind doch den folgenden Versuch durch:

- Bewerfen Sie es mit Konfetti,
- imitieren Sie ein Huhn,
- benehmen Sie sich wie ein Trottel*
- fuchteln Sie mit den Händen herum,
- schnalzen Sie mit der Zunge,
- hüpfen Sie wie ein Ziegenbock durch die Gegend.

* Diejenigen unter unseren Lesern, die nicht wissen, wie man das anstellt, werden in dem Werk von Doktor Bienlein »Wie benehme ich mich vertrottelt« viele brauchbare Hinweise hierzu finden. Erschienen in Casterman-Verlag.

Dieses lustige Verhalten dürfte das Kleine nicht kaltlassen. Sollte es trotz dieser Scherze jedoch nicht lachen, dann bleibt Ihnen nichts, als der Wahrheit ins Auge zu sehen: Zweifellos gehört Ihr Baby zu den eher sachlich-nüchternen Zeitgenossen. Und es ist keineswegs immer lustig, Vater eines solchen Kindes zu sein.

Die zwölf Grundfragen, die jeden Vater bewegen

1. Ab welchem Alter sieht das Baby?

Früh genug, glauben Sie uns. Und lassen Sie sich eines gesagt sein: Es kriegt alles mit. Ab dem zweiten Monat sollten Sie deshalb darauf achten, nicht ungekämmt, unrasiert oder unschicklich gekleidet plötzlich vor der Wiege des Kleinen auftauchen. Oder möchten Sie wirklich, daß es Sie für einen Landstreicher hält? Übrigens, haben Sie an die Krawatte gedacht?*

2. Muß man den Säugling täglich wiegen?

Nein! Es sei denn, Sie haben den Fehler gemacht, eine Babywaage zu kaufen oder zu mieten. Dann müssen Sie jetzt unbedingt versuchen, diese unnötige Ausgabe zu amortisieren. Das Kind nimmt ungefähr zwanzig Gramm pro Tag zu – mehr brauchen Sie eigentlich nicht zu wissen. Sie haben es hier nämlich nicht mit einem Braten zu tun, dessen Garzeit Sie ausrechnen müssen.

3. Muß man das Baby täglich baden?

Ja, vor allem dann, wenn Ihre Frau das übernimmt.

* Siehe Liste Seite 73

Die *Warnung des Doktor Hermann Paull*
Jede Art von Unsauberkeit kann dem Kind gefährlich werden. Deswegen muß man die Badewanne vor jedem Bad reinigen.

Die Meinung der Autoren hierzu
Es ist vielleicht auch eine gute Idee, die Seife zu waschen.

4. Muß man das Baby wirklich von Hand einseifen?

Muß man ihm wirklich jedesmal die Haare waschen, die Augen, die Nase und die Ohren mit einem Wattestäbchen – das man vorher desinfiziert und leicht angefeuchtet hat – reinigen? Es sorgfältig mit einem *sauberen* Handtuch abtrocknen und dabei vor allem darauf achten, daß seine Hautfalten schön trocken sind (Schenkel, Arme, Hals)? Seinen Körper mit Mandelöl einölen? Es leicht einpudern, damit das Ankleiden glatt vonstatten geht? Muß man all das wirklich tun? Die Antwort ist: ja!

5. Wie viele Arme und Beine hat das Kleine?

Zwei Arme, zwei Beine. Wahrscheinlich dachten Sie, als Sie es auf dem Wickeltisch herumstrampeln sahen, daß es mindestens über die doppelte Anzahl von Gliedmaßen verfügt. Aber seien Sie beruhigt: Es handelt sich hierbei nur um eine optische Täuschung.

6. Wie hält man das Baby auf dem Wickeltisch fest?

Es gibt die Anhänger der Bauchmethode. Der Nachteil dieser Methode ist: Beide Hände sind durch das feste Drücken auf den Bauch des Babys beschäftigt. Eine andere Möglichkeit ist das Ausstoßen lauter Schreie. Das Kind erschrickt einen kurzen Augenblick, hört auf, sich zu bewegen, und genau dann versucht man blitzschnell, ihm sein Jäckchen überzuziehen. Wieder andere wenden in so einem Fall einen Doppelnelson an. Wir können es ihnen nicht verdenken.

7. Warum ist Baby so hilflos?

Es handelt sich um ein großes, schönes Naturgesetz, liebe Freunde und Leser. Je höher entwickelt die Lebewesen, desto länger sind ihre Jungen völlig von den Eltern abhängig.
Um nur ein Beispiel zu nennen: das Fohlen. Schon wenige Augenblicke nach der Geburt steht es auf seinen eigenen vier Hufen und läuft herum wie Sie und ich. Aber wir wissen auch alle, daß seine Eltern nicht sehr helle sind. In gewisser Weise ist es ein Kompliment für uns, daß unser Nachwuchs so lange an unseren Schürzenbändeln hängt. Es beweist, daß wir die am weitesten entwickelten Lebewesen der Schöpfung sind.

8. Ist es ein Fehler, das Baby durch die Gabe eines Schnullers zum Schweigen bringen zu wollen?

Nein. Es handelt sich in diesem Falle um Notwehr, und da ist jedes Mittel erlaubt. Einige von Ihnen werden jetzt einwenden, daß der Gummischnuller den Gaumen des kleinen Wesens verformen könnte. Dies ist jedoch das kleinere Übel, denn wenn der Säugling laufend schreit, dann ist man früher oder später selbst soweit, daß man ihm alles mögliche verformen könnte, inklusive seines Gesichtserkers.

Doktor Hermann Paull stellt fest

Ein hygienisch einwandfreier, unbeschädigter Schnuller ist ein harmloses Mittel, um einen Säugling zum Einschlafen zu bringen. Es wäre jedoch schädlich für das Kind, den o. a. Schnuller in Zucker oder Honig zu tauchen oder mit Mohnkörnchen zu füllen.

Die Meinung der Autoren hierzu

Auch von einer Arsen-Gabe sollte man absehen.

9. Wenn man das Kleinkind jeden Morgen in einer Kinderkrippe abgibt, ist das nicht gleichzusetzen mit einem freiwilligen Verzicht auf das elterliche Erziehungsrecht? Irgendwo schon, oder?

Einen Moment mal. Haben Sie daran gedacht, Ihren Nachkömmling drei Jahre vor seiner Geburt in einer Kinderkrippe anzumelden? Nein? Dann brauchen Sie sich gar keine Gedanken mehr über dieses Problem zu machen. Sie kriegen sowieso keinen Krippenplatz.

10. Kann man das Baby gegen etwas Besseres eintauschen?

Nein. Und zwar aus drei Gründen:

- Es gibt nichts Besseres als Babys.
- Unsere Gesetzgebung verbietet diese Art von Tauschhandel.
- Wenn der Gesetzgeber es nicht verbieten würde, wer würde Ihnen schon ein Baby abnehmen wollen?

11. Ab welchem Alter darf man das Baby schlagen?

Ist das überhaupt eine Altersfrage? Aber bitte, vergessen Sie nie: Das kleine Wesen ist sehr zerbrechlich. In der ersten Zeit raten wir Ihnen, Ihre Wut eher an Ihrer Frau, an einem Kollegen oder an einem gutmütigen Freund auszulassen.

12. Gibt es einen Grund, nicht zu verzweifeln?

Natürlich, denn – Sie erinnern sich? – die Vaterschaft ist eine Quelle unsäglicher Freuden.

Heute ist Sonntag

Gestern abend beim Zubettgehen haben Sie sich entschlossen, Ihrer Frau eine Freude zu machen und sich am heutigen Sonntag ganz alleine um den kleinen Quälgeist zu kümmern. Das ist nämlich eine ausgezeichnete Gelegenheit, um ihr ein für allemal zu beweisen, daß das eigentlich gar nicht so schwer ist.
Ganz stolz auf Ihre Idee sind Sie dann eingeschlafen. Und Sie haben von einem lächelnden Säugling geträumt, der ganz beeindruckt ist von Ihrer Zärtlichkeit, die jedoch einen Hauch von Strenge beinhaltet, und der voller Bewunderung die samtene Hand (aber auch den eisernen Willen) der väterlichen Respektsperson entdeckt.
Versprochen ist versprochen. Bei den ersten Anzeichen für ein Erwachen des kleinen Schreihalses sind Sie auf den Beinen, bereit, die Pflichten dieses Tages der Aufopferung zu übernehmen. Aber ein kurzer Blick auf Ihren Wecker sagt Ihnen, daß dieser Tag ein bißchen früh beginnt. Trotzdem machen Sie keinen Rückzieher.

Sechs Uhr

Das Kleine weint. Warum weint es bloß? Ah, natürlich: das Fläschchen! Sie stürzen in die Küche. Wo ist dieses verflixte Fläschchen? Da ist es! Und wo ist die Milch? Ah, hier. Eehh, einen Moment mal, wie viele Teelöffel voll müssen da hinein? Sie stürzen zurück ins Schlafzimmer und rütteln sanft an der Schulter Ihrer Ehefrau, wobei Sie mit leiser Stimme die benötigte Auskunft erfragen. Danach raten Sie ihr, ruhig weiterzuschlafen. Das Kleine schreit jetzt lauter. Ihm fehlt einfach noch die Geduld. Das Wasser kocht mittlerweile, und Sie nutzen die Gelegenheit, um

sich eine Tasse Kaffee aufzugießen. Sie hören Schritte im Flur. Ohne ein Wort zu verlieren, reißt Ihnen Ihre Frau das Fläschchen aus der Hand. Während sie den kleinen Vielfraß füttert, sagen Sie ihr höflich, aber bestimmt, daß Sie das auch allein gekonnt hätten.

Sechs Uhr dreißig

Sie kümmern sich um das Bäuerchen. Es war ein ausgesprochen kräftiges Bäuerchen, und Ihr T-Shirt ist über und über mit geronnener Milch verschmiert. Das ist ziemlich unangenehm. Sie geben das kleine Ferkel seiner Mutter zurück und duschen erst mal.

Sieben Uhr

Ihre Frau betritt das Badezimmer, ein ironisches Lächeln auf den Lippen und Ihr Lieblingsbaby auf dem Arm. »Wolltest du dich heute nicht um deinen Sohn kümmern?« Sie haben verstanden. Es ist Zeit, an die Arbeit zu gehen. Gerade noch Zeit genug, Ihr Haar zu trocknen, und schon halten Sie Ihren Stammhalter im Arm. Dieser strömt unsägliche Düfte aus. Zeit, die Windeln zu wechseln. Sie ziehen ihm seinen kleinen Overall aus und öffnen die Windel.

Was Sie dann sehen, läßt Ihnen den Atem stocken (was eigentlich ganz praktisch ist). Sie lassen den Kleinen einen kurzen Augenblick auf dem Wickeltisch liegen, um am Fenster ein bißchen frische Luft zu schöpfen. Gerade in diesem Moment kommt Ihre Frau herein und macht Ihnen natürlich eine Szene (»Wie kannst du nur den Kleinen unbeaufsichtigt auf dem Wickeltisch liegen lassen ...«). »Leg dich wieder hin, Liebste, ich kümmere mich um alles.« Sie scheint Ihnen nicht zu glauben.

Sieben Uhr dreißig

Das Scheißerle ist wieder sauber und frisch gewickelt. Um die Windel festzumachen, haben Sie fast eine halbe Rolle Klebeband verbraucht. In diesem Augenblick denken Sie an all die Werbespots im Fernsehen und sagen sich: »Was soll das überhaupt? Die Dinger kleben sowieso nicht.« Sie ziehen ihm den Schlafanzug an und merken zu spät, daß die Windel undicht war. Alles ist naß. Und wo sind bloß die frischen Schlafanzüge? Sie gehen Richtung Bett, unterhalten sich ganz unauffällig mit Ihrer Gattin und flechten dann elegant in die Konversation ein: »Schatz, übrigens, wo sind eigentlich die restlichen Schlafanzüge des Kleinen?« Sie sagt es Ihnen, aber irgendwie haben Sie das Gefühl, daß sie genau weiß, was da läuft. Fröschchen ist wieder eingeschlafen, Sie versuchen es ihm gleichzutun.

Zehn Uhr

Aus dem Zimmer des Kleinen kommt wieder ein weinerliches Geräusch. Ihre Frau tut so, als hätte sie nichts gehört. Und einige Augenblicke lang sind Sie feige, bevor Ihnen einfällt, daß Sie es ja versprochen haben. Das gute alte »Ein Mann, ein Wort«-Gefühl steigt in Ihnen auf. Sie klettern also aus Ihrem weichen, warmen Bett heraus, das Sie erst am Abend wieder aufsuchen werden (das zumindest steht zu befürchten). Der Teufelskreis »Fläschchen/Milchpulver/Windeln« beginnt von neuem.

Elf Uhr

Sie sind ganz zufrieden mit sich. Diesmal hat es eigentlich ganz gut geklappt. Und der goldige Kleine hat Sie sogar ganz deutlich angelächelt. Ganz der Vater. Er strampelt in Ihren Armen, schaut Sie interessiert an, und Sie überlegen sich, ob Sie ihn überhaupt wieder ins Bettchen legen sollten. Sie wollen Ihrem Trommelfell kein erneutes Geschrei zumuten. Genau in dem Moment, in dem Sie schließlich eine Idee haben, wie man ihn beschäftigen könnte, und als Sie gerade den Fernseher anschalten, kommt Ihre Frau mit dem Vorschlag, daß es wohl an der Zeit sei, ihn zu baden. Das hat uns gerade noch gefehlt.

Ohne Ihr warmes Lächeln zu verlieren, gehen Sie zurück ins Kinderzimmer und ziehen das Kleine auf dem Wickeltisch aus. Als Sie ihm die Windel abnehmen, entdecken Sie zu Ihrer großen Freude, daß der kleine Engel immer noch sauber ist. Das süße kleine Goldstück! Sie nehmen ihn sanft auf den Arm und legen sein Köpfchen gegen Ihre Schulter. Sie schaffen es gerade bis zum Badezimmer, und in diesem Moment spüren Sie, wie Ihr Hemd von einer warmen Flüssigkeit durchtränkt wird. Irrtum ausgeschlossen!

Elf Uhr dreißig

Wir müssen zugeben, daß das Bad mit einigen Komplikationen verlief. Sybil Gräfin Schönfeldts »Großes Baby-Buch«, das griffbereit auf einem Regal lag, ist ins Wasser gefallen, als Sie sich bückten, um das Thermometer aufzuheben. Ihre Reflexe haben Ihnen eine Streich gespielt. Die Folge: Überall im Badezimmer liegen Glassplitter und

Quecksilber herum. Denken Sie daran, nicht barfuß zu laufen. Auf dem einen Arm halten Sie den Säugling, während Sie mit dem Ellbogen des anderen Armes die Wassertemperatur testen. Die Temperatur scheint in Ordnung. Es ist nur schade, daß Sie vorher den Ärmel Ihres Pullovers nicht hochgekrempelt haben. Obwohl: Viel hätte das auch nicht geändert, denn Baby hat sogleich angefangen, ganz glücklich zu planschen. Sobald mehr Wasser auf dem Boden des Badezimmers ist als in der Badewanne, entschließen Sie sich, den Vorgang abzukürzen.

Es ist Ihnen gelungen, die Seiten Sybil Gräfin Schönfeldts auseinanderzukriegen, und Sie bearbeiten alle Körperöffnungen des Bambinos (oder fast alle) mit Wattebäuschen, was dem Kleinen überhaupt nicht zu gefallen scheint. Auch dieser Vorgang wird deshalb abgekürzt. Das kommt Ihnen im übrigen sehr zugute, da Sie durchnäßt sind und leicht frösteln. Jetzt ziehen Sie den kleinen Wonneproppen wieder an und sich um. Und zwar schnell, denn es ist Zeit für den täglichen Spaziergang.

Zwölf Uhr dreißig

Rückkehr vom Spaziergang. Sie sind hungrig, Baby auch. Da der kleine Racker lauter schreit als Sie selber, bereiten Sie zunächst sein Breichen zu. Sie haben selbst einen derartigen Hunger, daß Sie beim Kosten das Gefühl beschleicht, es schmecke eigentlich gar nicht so übel.

Dreizehn Uhr

Das Kind schläft.

Sechzehn Uhr

Es wacht auf. Es hat Hunger.

Sechzehn Uhr dreißig

Ihnen wird klar, daß es Zeit ist, die Windeln zu wechseln.

Sechzehn Uhr fünfundvierzig

Das Kind schläft erneut.

Achtzehn Uhr dreißig

Nein, nicht schon wieder! ... Doch, es hat wieder Hunger.

Neunzehn Uhr fünfzehn

Sie fallen, unter den spöttischen, aber doch zärtlichen Blikken Ihrer Ehefrau in einen tiefen Sessel. »Alles klar?« fragt sie. »Alles klar«, antworten Sie. Zu mehr haben Sie nicht mehr die Kraft.

Einundzwanzig Uhr

Sie tun so, als wäre nichts, und hoffen, daß Ihre Frau es nicht gehört hat. Aber Pech! Der kleine Unhold schreit wieder mitten in einem John-Wayne-Film. Was Sie heute abend machen, das macht Ihnen so schnell keiner nach. Das war ein tierisch harter Tag. Apropos: Kein Tier würde seinem Jungen während »Rio Bravo« ein Fläschchen geben. Noch nicht einmal im New Yorker Zoo hat man so was je erlebt.

Einundzwanzig Uhr dreißig

Sie haben das Problem souverän gelöst. Der kleine Nimmersatt ist gefüttert, hat frische Windeln und schläft. Aber Joe Burdet wurde aus dem Gefängnis entlassen, und John Wayne schreit Dean Martin an, der endlich wieder nüchtern ist. Leider war Ihre Frau vor dem Fernseher eingeschlafen, so daß Ihnen niemand erklären kann, was in der Zwischenzeit passiert ist. »Alles klar?« fragt sie wieder. »Alles klar«, ist Ihre Antwort. »Wenn du willst, kümmere ich mich um das Fläschchen heute nacht«, schlägt sie vor. Sie lassen diese Worte in sich nachklingen. Mit einem bißchen Glück wacht Vatis Liebling erst nach Mitternacht auf, und um Punkt zwölf läuft Ihr Versprechen aus.

Was zum Geier will es uns bloß sagen?

Ab dem sechsten Monat (Begabtere und Intelligentere) und ab dem siebzehnten Lebensjahr (Spätentwickler) bemerkt man bei den Kleinen einen diffusen Willen zur Kommunikation. Man merkt, daß sie sich nun anders ausdrücken wollen als nur durch Gurgeln, Magenknurren und andere Verdauungsgeräusche. Sie möchten den Dialog aufnehmen. Dieser lobenswerte Vorsatz wird leider sehr oft zunichte gemacht durch eine furchtbare Aussprache und einen augenfälligen Mangel an Wörtern. Baby kann einfach keinen zusammenhängenden Satz bilden, benutzt falsche Konjugationen, bildet Sätze ohne Prädikat etc. ... Zum Glück schafft der Fortschritt hier Abhilfe. Eine Gruppe skandinavischer Wissenschaftler hat vor kurzem eine Studie* veröffentlicht, die eine revolutionäre Neuerung im Dialog zwischen Säuglingen und Erwachsenen einleitet und die es Ihnen, verehrte Leser, ermöglichen wird, Ihren kleinen Gesprächspartner auch wirklich zu verstehen. Wir sind stolz, Ihnen als Vorabdruck Auszüge aus diesem Wörterbuch »Deutsch – Babysprache« vorstellen zu können.

Heia: das Bett, der Löffel, der Teddybär
Baba: das Fläschchen, das Bad, das Baba
Papa: der Papa
Dada: der Wickeltisch, der Kühlschrank, die Rassel, auf Wiedersehen

* Haendbuk før Eltørn: Bebi spraechøhn önne Pröbløm, Tuborg Førlaget, Spitzbergen 1989

Wauwau: der Hund, die Puppe, der Schlafanzug
Mama: das Pferd, die Milch, die Mutter, der Nachbar
Bäbä: der Home-Trainer
Rara: die Ratte, das Mobile, die Decke

Praktische Anmerkungen

Zur weiteren Information empfehlen wir folgende Bücher:
Nahrung und Hygiene beim Säugling von P. Mozziconacci, Paris 1969
Was auch kommen mag, ich erziehe mein Kind selbst von Josef Fürst Pückler, Verlag Droehner & Kauer.
Ich ziehe meinen Hamster selbst groß von Dr. Spock, StarTrek-Verlag.
Mutter Courage und ihre Kinder von Bertolt Brecht, 1941.

Filmtips

Iwans Kindheit (UdSSR 1962, 85 Min., Tragödie). Ein Film von Andrej Tarkowski mit Valentin Zoubkow.
Während des großen vaterländischen Krieges opfert sich ein Junge für sein Volk.
Sechs Monate durch die Hölle (Frankreich 1932, 105 Min., Horrorfilm). Ein Film von Raoul Plouc, mit Germaine Marcel und Raymond Tant.
Ein junger Vater dreht vor Ablauf der sechs kritischen Wochen durch, flieht von zu Hause und endet in einer Irrenanstalt.
Der Hausherr (Dänemark 1925, 80 Min., Melodrama). Ein Film von Carl Dreyer mit Johannes Meyer, Astrid Holm und Mathilde Nielsen.
Ein Ingenieur tyrannisiert seine Frau, seine zwei Kinder und seinen Wellensittich.

Wichtige Adressen

Selbsthilfegruppe »Laßt uns leben e. V.«, vormals Liga zum Schutz erschöpfter Eltern, Hauke-Heien-Weg 17, Amrum.
S. O. S. Sandmännchen, Wiegenstraße 6, Kaiserslautern.

Vom sechsten bis zum achtzehnten Monat

Bis zum Alter von einem Jahr kennt das Kind das Böse nicht.

Talmud

Früher oder später beginnt das Baby damit, sich fortzubewegen. Und dann wird es ernst. Der stationäre Schreihals der ersten Zeit hat sich in einen ambulanten Schreihals verwandelt. Und was das für Sie bedeutet, werden Sie zu Ihrem Leidwesen sehr schnell feststellen. Sie dachten bislang: »My home is my castle«, fühlten sich eigentlich ganz geborgen in Ihren vier Wänden. Irrtum. Ihre Wohnung ist angefüllt mit scharfen Kanten, wimmelt von Steckdosen, das Parkett ist mit Splittern gespickt, wo man hinschaut, Medizinschränkchen und haufenweise andere Gefahrenquellen, die Ihrem Säugling ruckzuck zum Verhängnis werden können.
Es soll einige naive junge Väter geben, die gleichermaßen erstaunt wie erfreut die Fortschritte des Winzlings beobachten, die er in dieser emotionsgeladenen Phase macht. Uns sei in diesem Zusammenhang ein kurzes Lächeln erlaubt. Vom sechsten bis zum achtzehnten Monat ist das Baby eine Leiche auf Urlaub. Über ihm schwebt ständig ein Damoklesschwert, und es überlebt einzig und allein, weil Vati und Mutti ständig auf der Hut sind, sehr gute Reflexe haben und über eine unverzichtbare Dosis hellseherischer Fähigkeiten verfügen. Zu zweit – und das sei noch einmal ganz klar gesagt – schaffen es die Eltern gerade so, diese erschöpfende Aufgabe der Überwachung rund um die Uhr durchzustehen.
Es soll einige Tierarten geben, die ihre Jungen auffressen. Zweifelsohne geschieht das in dieser Altersstufe. Kann man es ihnen wirklich verdenken? Wenn man's genau nimmt, vielleicht doch. Zwar sind die Kleinen zwischen dem sechsten und achtzehnten Monat eine echte Katastrophe, andererseits aber auch für kurze Augenblicke Quelle unsäglicher Freuden. Zum Beispiel gerade dann, wenn sie Papi ein Küßchen geben, um natürlich sofort darauf die Kristallvase von Tante Minna umzuwerfen.

Im Innern jedes menschlichen Wesens schlummert ein Entdecker. Bei einigen schlummert er tiefer, bei anderen weniger tief. Aber die Lust am Abenteuer in uns ist bereit, jeden Augenblick zum Durchbruch zu kommen. Nehmen wir das Beispiel von Herrn Robert K. aus Karlsruhe. Jahrelang ging er jeden Morgen auf genau demselben Weg in sein Architektenbüro. Plötzlich, aus einer Laune heraus, entschloß er sich, diesen morgendlichen Weg zu ändern. Statt – wie üblich – vom Mühlburger Tor über den Europaplatz bis zum Karlstor zu gehen, wählte er nun den Weg über die Kriegsstraße. Total verrückt. Eine übermächtige Lust, alte Gewohnheiten über Bord zu werfen, das tägliche Einerlei zu durchbrechen, kurz: der Instinkt des Abenteurers gewinnt die Oberhand.
Welche Zukunft auch immer vor ihm liegen mag – Angestellter bei der städtischen Müllabfuhr oder Astronaut –, am Baby zeigt sich dieser uralte Instinkt in Reinkultur. Den Eltern fällt das nicht unbedingt gleich auf, weil sie vielleicht gerade das Schnitzel in der Pfanne wenden oder weil sie sich gerade »Spiel ohne Grenzen« ansehen. Aber die Tollkühnheit und der Wagemut dieser schutzlosen kleinen Wesen sind unglaublich. Sie stellen sich keine Fragen, sie haben vor nichts Angst, obwohl sie über keinerlei Schutzmechanismen verfügen. Ihre kleinen Beinchen flattern beim geringsten Windstoß, und an Muskeln besitzen sie noch so gut wie nichts.
Was bleibt also zu tun? Soll man sie an ihre Wiege ketten, damit sie sich nicht wie Kamikaze-Piloten in die Welt stürzen? Nein. Das Kleine muß durch eigenes Tun lernen, seine eigenen Erfahrungen sammeln, von alleine wieder aufstehen,

wenn es auf die Nase fällt. So ist das nun mal! Aber nichts hält Sie davon ab, mit Hilfe der folgenden Tabelle die Fortschritte des Kleinen bei der Entdeckung seiner Umwelt zu überwachen und zu vergleichen.

Die Etappen der motorischen Entwicklung beim Kleinkind und ihre Gefahren.

Alter	Fortschritt	Gefahr
Erster Monat	Das Baby schafft es, den Kopf zu drehen, um einen Gegenstand im Auge zu behalten.	Steifer Hals. Geschrei
Zweiter Monat	Auf dem Bauch liegend hebt das Baby den Kopf.	Plötzliches Erschlaffen der Halsmuskulatur, Beule an der Stirn. Geschrei.
Dritter Monat	Das Kleine spielt mit seinen Händen und strampelt mit den Beinchen.	Es faßt sich selbst ins Auge oder tritt gegen das Geländer des Bettchens. Geschrei.
Vierter Monat	Das Kleine kann mit Hilfe eines Kissens allein aufrecht sitzen.	Das Kleine fällt auf die Seite. Geschrei.
Fünfter Monat	Das Kleine kann nach einer Rassel greifen.	Die Rassel fällt ihm ins Gesicht. Geschrei.
Neunter Monat	Das Baby amüsiert sich damit, alles, was es greifen kann, auf den Boden zu schmeißen.	Einige Gegenstände könnten kaputtgehen: Armbanduhren, Kristallvasen, entsicherte Handgranaten. Geschrei.
Zehnter Monat	Baby steht allein auf, indem es sich an den Gitterstäben seines Laufstalls hochzieht.	Plötzliches Umfallen, sobald es die Gitterstäbe losläßt. Geschrei.

Alter	Fortschritt	Gefahr
Elfter Monat	Das Baby beginnt, sich fortzubewegen. Es gibt hierzu verschiedene Techniken; einige kriechen auf dem Bauch, andere krabbeln auf allen vieren. Seien Sie auf der Hut. Die Geschwindigkeit, mit der es sich fortbewegen kann, ist sehr oft überraschend groß.	Stürze, Anstoßen (blaue Flecken), Verrenken von Gliedmaßen. Nicht zu vergessen: die Gefahren, die im Haushalt selbst lauern (siehe folgende Seiten).
Zwölfter Monat	Baby macht an der Hand der Eltern seine ersten Schritte.	Ausrenken der Schulter.
Fünfzehnter Monat	Es macht seine ersten Schritte alleine. Wenn es hinfällt, kann es ohne Hilfe wieder aufstehen.	Stürze verschiedenster Art. Geschrei.
Zwei Jahre	Das Kleine kann einen Ball mit dem Fuß wegstoßen, rennen, Stufe für Stufe eine Treppe hinauf- und hinabsteigen.	Keine.
Zweieinhalb Jahre	Das Baby kann von einem Punkt zum anderen springen, hüpfen, kann Purzelbäume schlagen, Pirouetten drehen und andere akrobatische Kunststücke vorführen.	Stürze. Geschrei.
Drei Jahre	Das Kleine kann eine Treppe hinaufsteigen, auf den Zehenspitzen gehen und Dreirad fahren.	Keine.
Vier Jahre	Das Kleine kann auf einem Bein hüpfen und schnell rückwärts laufen.	Keine.
Fünf Jahre	Das Kleine fährt Fahrrad.	Plattfuß. Geschrei.
Acht Jahre	Das Baby überwindet im Hochsprung eine Höhe von einem Meter.	Keine.

Alter	Fortschritt	Gefahr
Zehn Jahre	Ihr Baby kann einen Kilometer dauerlaufen und einen einfachen Salto vorwärts springen.	Schwindelgefühl.
Fünfzehn Jahre	Das Baby springt einen geschraubten Doppelsalto rückwärts.	Keine.
Sechzehn Jahre	Baby kann zweiundvierzig Kilometer Marathon laufen, ohne außer Atem zu kommen, und bringt es fertig, einen Fußball fünf Minuten ohne Bodenkontakt in der Luft tanzen zu lassen.	Wadenkrampf. Geschrei.
Achtzehn Jahre	Baby macht den Führerschein. Ende der motorischen Phase.	Mißachtung der Vorfahrt. Unfall. Geschrei.

Diese Daten sind absolut einzuhaltende Fristen. Sollte Ihr Kind auch nur einen Tag Verspätung haben, so ist das sehr, sehr ernst zu nehmen – ja eine Katastrophe. Stellen Sie sich mal vor, daß ein vierjähriges Kind nicht auf einem Bein hüpfen könnte! Das ist undenkbar. Was bleibt also zu tun, falls das Kleine es nicht schaffen sollte, einen Fuß vor den anderen zu setzen? Lesen Sie hierzu das folgende Kapitel.

Ich bringe meinem Kind das Laufen bei

Anleitung in zehn Lektionen

Auch Ihnen, verehrte Leser, ist es sicher schon einige Male passiert, daß Sie jemanden wiedertreffen, den Sie lange nicht gesehen haben. Man begrüßt sich, und schon folgt die Frage: »Wie geht es dir?« Eine der wichtigsten Fragen überhaupt, die man übrigens nicht nur stellt, wenn man sich lange nicht gesehen hat. Hier taucht ein Wort auf, das uns in diesem Kapitel beschäftigen wird. Das Wort »gehen«. Seine Bedeutung läßt sich kaum unterschätzen, denn Ihr Baby soll gehen. Sie möchten ihm das Gehen – oder im Volksmund auch »Laufen« – beibringen.

Wir stellen Ihnen nun eine Methode vor, wie man das in zehn Lektionen schaffen kann. Vorausschicken möchten wir gleich, daß mit dem Gehen (oder Laufen) eigentlich nichts

Gefährliches oder besonders Schwieriges verbunden ist. Wir kennen persönlich eine Menge ziemlich einfältiger Menschen, die alle einwandfrei gehen können (und denen es dabei gutgeht!). Auch Ihr Kind kann das schaffen. Es geht los (und ist wirklich sehr einfach!)

Erste Lektion

Baby läuft wie aufgezogen. Während Ihr Kleiner unschuldig in seinem Laufstall spielt, gehen Sie langsam auf ihn zu und halten die Hände hinter dem Rücken versteckt. Sie schenken ihm ein aufmunterndes Lächeln. Sobald er Sie anschaut, sagen Sie ihm: »Was hat Papi für dich hier hinter seinem Rücken? Ein großes Geschenk für meinen kleinen Liebling.« Das Baby lächelt, klatscht in die Hände, stampft mit den Füßchen. Nun zeigen Sie ihm Ihre leeren Hände. Das Lächeln weicht einem ungläubigen Gesichtsausdruck. Zwar marschiert der Kleine nicht wie aufgezogen, aber Sie haben ihn aufgezogen. Das ist zumindest etwas, oder?

Zweite Lektion

Baby hat schlechte Laune. Absichtlich und systematisch spuckt es alles wieder aus, was Sie ihm einzutrichtern versuchen. Unterbrechen Sie das Füttern, und schreien Sie es so richtig an. Danach nehmen Sie den nächsten Löffel voll und füttern weiter. Jetzt ißt das Baby, ohne zu bocken. Sie bemerken den Fortschritt, der erzielt wurde: Baby ist (»ißt«) auf dem richtigen Weg.

Dritte Lektion

Wenn Sie Arzt sind, kaufen Sie für Ihr Kind eine kleine Doktortasche mit Plastikspritzen, einem Plastikstethoskop etc. ... Wenn Sie Installateur sind, kaufen Sie ihm einen kleinen Werkzeugkoffer aus Plastik. Wenn Sie ... Nun stellen Sie sich in Ihrer Arbeitskleidung vor das Baby hin und machen ihm alle Handgriffe vor, die Sie während Ihrer Arbeit normalerweise tun, zum Beispiel bei einer Operation am offenen Herzen oder beim Zubereiten des Brotteiges. Oder beim Streichen einer Wand ... Das Baby wird Sie nachmachen. Eine neue Etappe ist erreicht: Baby wandelt auf Ihren Spuren.

Vierte Lektion

Nun ist es an der Zeit, praktische Übungen durchzuführen. Das heißt: das Gehen zu üben. Schlagen wir »gehen« im Lexikon nach, so steht da: »sich von der Stelle bewegen, indem man einen Fuß vor den anderen setzt«. Nichts leichter als das.

Fassen Sie Ihr Kind an beiden Händen und heben Sie es hoch, so daß seine Füßchen gerade noch den Boden berühren. Nun strecken Sie Ihre Arme weit von sich. Das Baby verliert sein Gleichgewicht und fällt nach vorne. In einer Reflexhandlung wird es ein Bein vorsetzen, um sein Gleichgewicht wiederzufinden. Was hat Baby also gemacht? Es hat sich bewegt, indem es seine Füße voreinander gesetzt hat. Es ist gelaufen.

Fünfte Lektion

Wiederholen Sie die praktische Übung der vierten Lektion, aber halten Sie dabei das Baby nur an einer Hand.

Sechste Lektion

Nun halten Sie das Kleine überhaupt nicht. Vorsicht! Das Baby hat eine seltsame Vorliebe dafür hinzufallen. Es sieht fast so aus, als würde es das absichtlich tun. Bevor Sie also seine beiden Arme loslassen, müssen Sie unbedingt überprüfen, daß es mit beiden Beinen auf der Erde steht und daß sich in der näheren Umgebung keine Reißzwecken, Glasscherben oder andere unangenehme Dinge befinden. Es ist nicht auszuschließen – ja, wenn man es genau überlegt, sogar sehr wahrscheinlich –, daß das Baby anschließend ein paar Sekunden lang hin und her wackeln, Sie dumm anschauen und schließlich auf seinen gut gepolsterten Popo plumpsen wird. Das ist dann für Sie das Zeichen, mit der siebten Lektion zu beginnen.

Siebte Lektion

Führen Sie die vorangegangenen praktischen Übungen noch mal durch, aber lehnen Sie dabei Baby gegen eine Wand. Ist diese Wand relativ solide, dann wird es Baby schaffen, länger aufrecht stehen zu bleiben. Baby wird begeistert sein. Sie auch.

Achte Lektion

Das ist alles ganz schön und gut, aber Sie werden doch wohl jetzt nicht aufgeben. Hannibal hätte es niemals geschafft, den Schwarzwald zu überqueren, Dornröschen wach zu küssen und Napoleon bei Waterloo zu schlagen (oder so ähnlich), wenn er sich die ganze Zeit mit dem Rücken gegen eine Wand gelehnt hätte. Also: Legen Sie einige Meter von Baby entfernt einen Gegenstand ab, den das Kleine sehr gern mag und den es Lust hat zu holen (Teddybär, Kuchen, Mama etc.). Das Baby müßte nun normalerweise auf diesen Gegenstand zugehen, indem es sich an der Wand abstützt. Sollte das Baby nicht gehen, dann sollten Sie einen anderen Gegenstand hinlegen. Sollte es dann immer noch nicht gehen, so ist es angebracht, mit ihm einen Augenarzt aufzusuchen.

Neunte Lektion

Reißen Sie jetzt die Mauer ein, das Baby muß nun alleine laufen. Dies ist ein Hauptgrund, aus dem davon abzuraten ist, dem Kleinen zu Hause das Laufen beizubringen. Der Hausbesitzer könnte etwas dagegen haben, wenn Sie irgendwelche Mauern niederreißen.

Zehnte Lektion

Machen Sie nun einen Spaziergang mit Baby. Sie halten es an einer und Ihre Frau an der anderen Hand. Lockern Sie diesen kleinen Ausflug durch einige lustige Übungen im Stil »eins, zwei, drei – hoppla!« auf. Das Baby mag das sehr gern,

aber achten Sie darauf, daß Sie ihm die Schulter nicht ausrenken.
Es wird Ihnen auffallen, daß trotz der Wahnsinnsenergie, die das Kleine bei Ihnen zu Hause entwickelt, seine Ausdauer außerhalb des Hauses sehr gering ist. Schon nach hundert Metern beginnt es zu weinen und möchte getragen werden. Das ist normal. Probleme dieser Art werden nun laufend auf Sie zukommen, denn anstatt zu laufen »wie aufgezogen«, zieht das Baby nun Sie auf.

Man kann sich kaum vorstellen, wie gefährlich unser gewohnter Lebensraum für das Baby sein kann. Steckdosen, Tischkanten und Treppen sind für das Kleine echte Stolpersteine. Um so mehr, als es von ihnen magisch angezogen wird. Um Ihnen dabei zu helfen, die Gefahrenquellen in Ihrem normalerweise sehr behüteten Haushalt zu entdecken, geben wir Ihnen die Möglichkeit, dies im Rahmen eines sehr lustigen kleinen Spiels zu tun.

Das Spiel der sieben Irrtümer

Schauen Sie sich einmal ganz genau auf der nächsten Seite diese beiden scheinbar identischen Abbildungen an. Unser Zeichner hat in einer der beiden sieben Irrtümer versteckt. Sieben Irrtümer, liebe Leser, die gleichzeitig sieben große Sicherheitsrisiken für Ihren Nachwuchs darstellen können.

Lösung

- Auf dem Herd steht ein Topf mit kochendem Wasser. Der Stiel des Topfes weist nach außen. Vorsicht! Das Baby könnte danach greifen und den Topf mitsamt dem kochenden Wasser herunterreißen. Das würde bedeuten, daß Sie erneut Wasser aufsetzen müßten.
- Die Steckdose ist nicht gesichert. Sollte das Baby seine Finger hineinstecken, könnte es später die schlechte Angewohnheit entwickeln, seine Finger auch in die Nase zu stecken.
- Die Streichhölzer liegen offen herum: Baby könnte sie in den Mund stecken und rote Flecken auf seine Kleidung bekommen.
- Der Ofenschirm ist nicht vor dem offenen Kamin: Vorsicht! Funken könnten herausspringen und Ihren Teppich beschädigen.
- Die Eckenschützer des Tisches fehlen. Das Baby könnte sich an der Tischkante stoßen und sie beschädigen.
- Übrigens: Das Baby befindet sich nicht mehr an der gleichen Stelle. Geben Sie's schon zu – das ist Ihnen nicht aufgefallen. Unser Zeichner hat diesen kleinen Gag absichtlich in die zweite Abbildung eingeschmuggelt. Wir bitten Sie, seinen etwas merkwürdigen Humor zu entschuldigen.
- Eine Plastiktüte liegt auf dem Boden der Küche herum: das Baby könnte sie sich über den Kopf ziehen und ersticken.

Anmerkung:

Sollten Ihnen noch weitere Sicherheitsrisiken aufgefallen sein, dann gehören Sie zur Kategorie der überängstlichen Eltern. Jetzt übertreiben Sie bloß nicht, oder möchten Sie etwa einen Angsthasen großziehen?

Höchste Alarmstufe

Die Gefahren innerhalb des Haushalts sind ziemlich gut erforscht. Aber es gibt eine andere Gefahr, von der man kaum spricht. Sie läßt sich in wenigen einfachen Worten zusammenfassen (ohne Ihnen jetzt gleich übertriebene Angst machen zu wollen): *Baby kann laufen, das heißt: Baby kann sich auch verlaufen.*

Denken Sie nur einmal daran, liebe Freunde und Leser, wie oft Sie schon in einem großen Kaufhaus, als Sie gerade dabei waren, sich etwas Schickes und doch Preiswertes auszusuchen, plötzlich über den Lautsprecher diese oder eine ähnliche Ansage gehört haben: »Ein kleines braunhaariges Mädchen in einem gelben Anorak wartet auf seine Mutti am Informationsschalter im Erdgeschoß. Um Himmels willen, kommen Sie schnell!«

Damals, als Sie solche Ansagen hörten, haben Sie nicht besonders darauf geachtet. Das ist nicht weiter verwunderlich, Sie waren noch kein junger Vater. Vielleicht haben Sie sich sogar gesagt, daß man sich schon ziemlich dumm anstellen muß, um sein Kind zu verlieren, und daß Ihnen so etwas niemals passieren könnte. Irrtum! Genau das ist eine Illusion. Baby schwankt zwar wie eine Schaluppe im Sturm, wenn es auf seinen kurzen Beinchen durch die Gegend torkelt. *Aber trotzdem kann es sich manchmal blitzschnell fortbewegen.* Aus diesem Grund wird es auch oft mit dem Kalifornischen Sumpfalligator verglichen.

Das kleine Menschenwesen ist ganz in Ihrer Nähe. Sie drehen sich nur für ein paar Sekunden um (die Schuhe in diesem Schaufenster sind wirklich sehr preiswert ...). Diese Zeit genügt dem Baby, um spurlos zu verschwinden. Mit einem unglaublichen Affenzahn hat es sich aus Ihrem Gesichtsfeld entfernt. Wo ist es? Hinter diesem Auto? In diesem Auto? Unter diesem Auto? Das Herz klopft Ihnen bis zum Hals. Furcht – ja Panik – steigt in Ihnen hoch. Ein ekelhaftes Gefühl. Natürlich ist es nicht möglich, das Kleine ständig in seinem Zimmer einzuschließen, vor allem jetzt, da es sich nichts sehnlicher wünscht, als die Welt auf seinen eigenen kleinen Füßchen selbst zu entdecken. Leider kann man es auch nicht wie einen Hund an die Leine nehmen, denn was würden die lieben Nachbarn dazu sagen? Was kann man also tun, um es nicht zu verlieren? Ganz einfach! Vor allem vier Orte sind es, an denen das Risiko, Baby zu verlieren, besonders groß ist. Vermeiden Sie es einfach, das Kleine an diese Orte mitzunehmen.

1. Märkte und Kaufhäuser

Warum sollte man das winzige, unschuldige Wesen überhaupt an solche Orte wimmelnder Geschäftigkeit mitschleppen? Haben Sie es wirklich so eilig, ihm schon jetzt die Lust zum Geldausgeben einzuimpfen, wollen Sie es so früh durch den Kontakt mit unserer Konsumgesellschaft verkorksen? Wie auch immer, liebe Leser, seien wir Realisten. Es ist auf alle Fälle noch nicht an der Zeit, es in die Feinheiten des Ladendiebstahls einzuführen, also ...

2. Rockkonzerte

Nur zu oft hat man diese langhaarigen Typen gesehen, die sich mitten in einer Horde von Freaks ganz in der Nähe der Lautsprecher im Takt der Musik hin und her wiegen und dabei ihren Nachwuchs auf den Schultern tragen. Früher fand man das vielleicht super, aber jetzt packt einen bei diesem Anblick das kalte Grausen. Stellen Sie sich doch nur einmal vor, daß diese langhaarigen Typen ganz plötzlich in eine Schlägerei zwischen Junkies geraten. Sie werden umgeworfen. Was passiert mit den Kleinen in diesem Tohuwabohu von Schreien, zersplitternden Bierflaschen und gezielten Fußtritten? Wie kann man es hinterher in diesem Durcheinander und in diesem Lärm wiederfinden (wenn wahrscheinlich gerade ein Schlagzeugsolo jegliche Kommunikation unmöglich macht)? Sie Woodstock-Nostalgiker! Wenn Sie wirklich das Ohr Ihres Nachwuchses schulen wollen, dann sollten Sie sich auf das Vorspielen Ihrer alten, verkratzten Langspielplatten beschränken. Das dürfte reichen.

3. Demonstrationen und politische Meetings

Sicher, Spruchbänder und Fahnen, die von Tausenden von Armen geschwenkt werden, sind schon ein beeindruckendes Schauspiel für jemanden im Säuglingsalter. Außerdem ist es sicher auch nie zu früh, Baby an das soziale und politische Leben in unserem Land heranzuführen. Aber man sollte doch nicht übertreiben. Ihr Nachwuchs wird erst mit achtzehn Jahren wählen dürfen. Davon abgesehen – und ohne irgend jemanden beleidigen zu wollen –, militante Parteigänger, welcher Couleur auch immer, sind Leute, die einem mit ihren Sprechchören, ihren Parolen und dem ganzen Pipapo auf die Nerven gehen können. Der Kontakt mit ihnen bringt dem Baby nichts – vor allen Dingen, wenn es schon von Hause aus nervös und ängstlich ist.

Eine heitere Anmerkung des Doktor Hermann Paull

Viele Kinder – ganz besonders die von neurotischen Eltern – sind hyperaktiv. Sie sind ständig in Bewegung. Es ist jedoch dringend davon abzuraten, diesen Drang durch Strenge zügeln zu wollen.

4. Der Strand

Der Strand ist ein idealer Ort, um das Kleine zu verlieren. Es stürzt sich in das Getümmel nackter Körper (natürlich ist es selbst auch nackt), und wenn man es auch nur eine Sekunde aus den Augen läßt, ist es schon passiert. Unmöglich, das Kind in dieser gleichförmigen Landschaft, die dem Auge keinerlei Orientierungspunkte bietet, wiederzufinden. Wir glauben, daß die zahlreichen ehemaligen Fremdenlegionäre – die wir hiermit ganz herzlich in unserer Mitte begrüßen wollen, denn wir finden sie sehr, sehr sympathisch und ausgesprochen nett –, wir glauben also nicht, daß sie uns widersprechen werden. Ihnen, diesen Spezialisten des Sandes und der Dünen, möchten wir hiermit ein ganz herzliches *»Ach, la guerre, groß malheur!«* zurufen.

Weißer Sand, so weit das Auge reicht. Alle Sonnenschirme sehen gleich aus. Alle Schwimmringe und Wasserbälle sind sich ähnlich. Die Popos der Damen sind nicht voneinander zu unterscheiden (... oder fast nicht!). Was die Schwimmer angeht: Sie sind dauernd in Bewegung. Von ihnen kann man demnach keine Hilfe erwarten. Folglich gibt es nur eine Möglichkeit: Behalten Sie die zarten Umrisse des Kleinen immer im Auge. In dem gleichen Auge, in dem auch Sand, Salzwasser und Sonne unerträglich brennen. Das Ganze ist ein Martyrium.

Ganz ehrlich, lieber Freund und Leser, wir raten Ihnen vom Strand ab. Außer vielleicht von Sylt im Januar.

Was also die Ferien betrifft, empfiehlt es sich, eher eine einsame Gegend aufzusuchen. Ruhig muß sie sein und, wenn möglich, verregnet. Kurz gesagt, ein Ort, an dem sich der rote Anorak des Kleinen sehr deutlich vom Hintergrund der grünen Blätter abhebt und wo Sie nicht den menschlichen Wachturm spielen müssen. Wenn Sie sich jetzt bitter beklagen, daß Sie auf diese Art in Ihren Ferien am A ... der Welt verschimmeln, lieber Freund und Leser, dann sollten Sie sich in Erinnerung rufen, daß es Ihnen auch anderswo nicht besser ergehen würde. *In Begleitung eines Babys kann man nirgends wirklich Ferien machen.*

Der Vollständigkeit halber sollte noch erwähnt werden, daß man auch Straßen – und zwar alle Arten von Straßen – meiden sollte, damit das Kleine nicht verlorengehen kann. Leider haben die meisten Städte mindestens eine Straße. Wenn der junge Vater mit einem Kleinkind, das gerade laufen gelernt hat, auf einem Bürgersteig unterwegs ist, so ist es unbedingt nötig, dieses fest an der Hand zu halten oder aber ständig hinter ihm her zu tippeln. Das Ganze hat nur einen großen Nachteil: Die Passanten werden Sie für einen albernen Dorftrottel halten. Die eigene Menschenwürde und die Sicherheit des Kindes sind bei dieser Übung sehr schwer miteinander zu vereinbaren. Es sei denn, es gelänge Ihnen, geschmeidig zu tippeln und dabei einen intelligenten, ja noblen Gesichtsausdruck zu wahren.
Ein weiteres Kapitel, das nicht vergessen werden soll: Das Kleinkind läuft gern von zu Hause weg. Glauben Sie nicht, daß Sie vor diesem Problem sicher sind: Sobald das Kleinkind die ersten Schritte tun kann, versucht es auch von zu Hause wegzulaufen. Ihr Zögling hat zwar noch keinerlei Orientierungssinn, noch keinerlei Vorstellung von dem Ort, zu dem er unterwegs ist, aber trotzdem versucht er, so schnell wie möglich dorthin zu kommen. Er hat schon diesen Abenteurergeist in sich, diese Lust, auf Entdeckungsreisen zu gehen, und diesen Drang nach Freiheit, kurz all das, was das Menschsein eigentlich erst ausmacht und was, geehrter Herr, gerade auch für Ihre Familie seit Generationen typisch ist. Der Apfel fällt nicht weit vom Stamm.
Wenn Sie sehen, daß das Baby sich mit leeren Händen entfernt, dann brauchen Sie sich keine Sorgen zu machen. Normale Wachsamkeit genügt in diesem Fall. Aber wenn es an Ihnen mit seinem Lieblingsteddy unter dem Arm oder dem alten Taschentuch, ohne das es nie einschlafen will, vorbeitrippelt, dann hat es wahrscheinlich vor, auf Entdeckungs-

reise zu gehen. Das bedeutet: höchste Alarmstufe! Abfangmanöver einleiten.
Leider muß an dieser Stelle auch ein ziemlich dunkles Kapitel angesprochen werden: das Kapitel der Entführungen. In diesem Zusammenhang ist uns etwas Seltsames aufgefallen: Die Entführung aus dem Serail löst mittlerweile keinerlei Polizeiaktionen mehr aus. Im Gegenteil, es kommt sogar vor, daß ein begeistertes Publikum frenetisch Beifall klatscht. Eine Kindesentführung hingegen stößt auf einhellige und unmißverständliche Ablehnung. So ist das nun einmal, das Kind ist König. An dieser Stelle ist es wichtig anzumerken, daß für eine Kindesentführung zwei Grundvoraussetzungen erfüllt sein müssen:

1. Die Eltern des Kindes müssen reich sein.
2. Diese Tatsache muß bekannt sein.

Sie, lieber Freund, können also ganz beruhigt sein.
Einige Unmenschen unter den jungen Vätern warten jetzt wahrscheinlich auf ein paar hinterhältige Vorschläge. Sie hoffen darauf, daß wir ihnen erklären, wie man es anstellen muß, sein Kind absichtlich zu verlieren. Nun, wir müssen sie enttäuschen. Sie haben uns da völlig falsch eingeschätzt. Wir sind nicht die Gebrüder Grimm und schreiben keine grausamen, furchterregenden Märchen. Wir sind eben keine Schufte! Lassen Sie sich das ein für allemal gesagt sein.

Wohin mit dem Baby, während Sie im Büro sind?

Der Herrgott hat in Seiner grenzenlosen Weisheit eine Frist von drei Jahren zwischen dem gesegneten Augenblick der Geburt Ihres Nachkömmlings und dem nicht weniger gesegneten Datum seiner Aufnahme in eine Kinderkrippe vorgesehen. Drei lange Jahre, in denen Sie das goldige Kleine am Hals haben und in denen Sie es beschäftigen müssen.

Einige Väter nehmen die Sache zu leicht und gehen davon aus, daß sie das alles gar nichts angeht. Für sie steht alles zum Besten in der schönsten aller Welten, solange das Kind gewaschen, gefüttert und versorgt wird, so daß es sie lächelnd empfängt, wenn sie aus dem Büro nach Hause kommen. Leider liegen sie da falsch. Ganz falsch! Denn diese ersten drei Jahre zeichnen in gewisser Weise das zukünftige Leben Ihres Nachkömmlings und auch das der ganzen Familie vor. Wohin mit dem Baby, während Sie im Büro sind?

Die überwältigende Mehrheit der jungen Väter hat sich für eine der drei folgenden Lösungen entschieden: Kinderkrippe, Mama oder Großeltern. Leider wissen sie oft nicht, was für Auswirkungen diese Wahl mit sich bringt.

Die Kinderkrippe

Wir möchten gleich vorausschicken, daß diese Lösung nicht spontan gehandhabt werden kann. Anders als das Jesuskind, für das seine Eltern relativ rasch einen Krippenplatz gefunden hatten (obwohl damals gerade Hochsaison war), wird das Durchschnittskind (das heißt das Ihre) solch ein Privileg – nämlich den Tag über in einer Krippe geparkt werden zu dürfen – nur dann genießen können, wenn man es mindestens ein Jahr vor seiner Geburt in dieser Institution angemeldet hat. Und das ist doch recht früh, nicht wahr?

Gebrauchsanweisung

- Überweisen Sie einen stark überhöhten Monatsbeitrag.
- Bringen Sie das Kleine bis zur Krippe.
- Warten Sie, bis die Krippe öffnet.
- Ziehen Sie dem Kleinen seinen Mantel aus, und bringen Sie es in den Aufenthaltsraum.
- Schleichen Sie sich vorsichtig hinaus, während es sich umsieht.
- Rasen Sie ins Büro und versuchen Sie, nicht zu spät zu kommen.

Mögliche Variante

Lassen Sie das Ganze von Ihrer Frau machen.

Vorteile

- Man kümmert sich um Ihren Nachwuchs, und Sie brauchen sich keine Sorgen um ihn zu machen.
- Durch den Kontakt mit anderen Kleinen lernt Baby etwas fürs Leben. Es lernt wirklich eine ganze Menge toller Sachen: alleine aufs Töpfchen zu gehen, mit dem Löffel zu essen, unanständige Wörter zu gebrauchen ...
- Ihre Frau kann weiter arbeiten gehen und Geld scheffeln.

Nachteile

- Sie wissen nicht, was das Kleine den Tag über macht: Schließen die Kindergärtnerinnen die Kleinen in irgendwelche Schränke ein, sobald die jungen Väter den Ort des Geschehens verlassen (solche Gerüchte halten sich hartnäckig)? Hängt man sie an Kleiderhaken? Überläßt man sie irgendwelchen wissenschaftlichen Labors zur Durchführung von Experimenten? Werden sie mit Wurstresten gefüttert? Lehrt man sie die Grundlagen der Dianetik, des Kommunismus oder der freien Liebe? Wer weiß?
- Sollte Ihr Kind an einer ansteckenden Krankheit leiden, mit der es sich – welche Ironie des Schicksals – gerade in ebendieser Krippe angesteckt hat, so wird ihm der Aufenthalt in derselben für die Zeit seiner Krankheit verboten. Was nun?
- Wenn Sie es dann schließlich abholen, müssen Sie sich einen rührenden Bericht über Babys Tageslauf anhören. Seltsamerweise wird Ihnen dieser Bericht in der ersten Person Plural vorgetragen werden: »Wir waren heute nicht sehr brav ... Wir hatten ein bißchen Durchfall« usw. Die junge Dame, die Sie über den Tagesablauf Ihres Sprößlings informiert, spricht jedoch nur von Ihrem Kleinen und nicht etwa von sich selbst. Es ist also nicht nötig,

ihr irgendwelche Medikamente gegen Durchfall zu verschreiben oder mit ihr zu schimpfen, weil sie nicht lieb gewesen ist.

Was man nicht tun sollte

- Die Kindergärtnerin unsittlich berühren
- oder nach einem harten, arbeitsreichen Tag das falsche Baby aus der Krippe mit nach Hause bringen!

Mama

Die außergewöhnliche Länge des Mutterschaftsurlaubs bringt gewisse junge Mütter auf die glorreiche Idee, die Wiederaufnahme ihrer Arbeit noch etwas länger hinauszuschieben. Sie tun dies meist unter dem Vorwand, sich selbst um die Erziehung ihres Kindes kümmern zu wollen (was an sich

ein durchaus löbliches Vorhaben ist). Haben Sie schon einmal irgendwo in der freien Wildbahn Krippen für Elefantenbabys, Löwenbabys, Zebrababys oder kleine Äffchen gesehen? Nein.

Gebrauchsanweisung

- Lassen Sie das Kleine bei seiner Mutter zurück.
- Kommen Sie abends nach Hause, und zwar einige Minuten bevor Baby zu Bett gebracht wird.

Variante

- Kommen Sie nach Hause, nachdem Ihre Frau das Baby zu Bett gebracht hat.

Vorteile

- Wie Sie selbst feststellen können, ist diese Methode ziemlich einfach.
- Abliefern und Abholen des Kleinen in der Krippe entfallen.
- Es ist vor Ansteckung bei anderen Kindern sicher und bekommt nun nur noch die Krankheiten, die Sie selbst mit nach Hause bringen.

Nachteile

- Nach kurzer Zeit werden Sie völlig überarbeitet sein, da Sie nun alleine für den Unterhalt Ihrer ganzen Familie sorgen müssen.
- Das Kleine hängt immer an den Schürzenbändeln seiner Mutter und wird so nicht auf das harte Leben draußen vorbereitet.
- Ihre Frau ist gefangen in dem Teufelskreis Babymenü/Schlafen/Windeln. Sie langweilt sich, macht Einkaufsbummel und verschwendet Ihr Geld.

Was man nicht tun sollte

– Sprechen Sie Ihrer Frau gegenüber nicht zu oft darüber, wieviel Spaß Ihnen Ihr Job macht und wie viele interessante Leute Sie durch Ihre Arbeit kennenlernen.
– Werfen Sie Ihrer Frau auch niemals vor, daß sie den ganzen Tag über herumtrödele oder ihre Zeit damit verbringe, Kaffee zu trinken.

Die Großeltern

Einige junge Väter, die nicht vorausschauend genug waren, rechtzeitig einen Krippenplatz zu reservieren, und die sehr blauäugig an die ganze Sache herangehen. entscheiden sich für diese katastrophale Lösung. Frühmorgens sieht man sie, wie sie – den Kleinen an sich gepreßt, ein gequältes Lächeln auf den Lippen – das Haus verlassen. Sie müssen ihr Kind ihrer eigenen Mutter oder – was noch schlimmer ist – ihrer Schwiegermutter anvertrauen und versuchen augenscheinlich, sich einzureden, daß alles glattgehen wird. Sie irren sich. Mit den Großeltern geht nie alles glatt.

Gebrauchsanweisung

– Bringen Sie das Kleine zu den Großeltern.
– Bleiben Sie den ganzen Tag über in der Nähe eines Telefons.
– Kommen Sie beim geringsten Alarmruf sofort zurück, um das Kleine wieder abzuholen.

Vorteil

– Es kostet Sie keinen Pfennig.

Nachteile

- Nach jedem Besuch wiegt Ihr Kind ein Kilo mehr.
- Sie bekommen ein total verwöhntes Kind zurück.
- Das kleinste Wehwehchen ihres Lieblings löst bei den Großeltern Angst und Schrecken aus.
- Das Kleine wird mit Hausmittelchen aus den fünfziger Jahren, über deren Wirksamkeit man sich zumindest streiten könnte, eingerieben und eingepudert.
- Die kleinste diesbezügliche Bemerkung Ihrerseits löst automatisch die folgende (oder eine ähnliche) Reaktion aus: »Dich habe ich damals auch so großgezogen, und du lebst immer noch!«

Was man nicht tun sollte

- Sich aufregen.
- Sich zu weit von einem Telefon entfernen.

Sie werden uns beipflichten, daß es Angenehmeres gibt. Das ist sicher auch der Grund dafür, warum einige junge Väter sich für ganz andere, weniger klassische Lösungen entscheiden.

Andere Lösungen

Der Hausmann

Geben Sie Ihren Beruf bis zur Volljährigkeit des Kleinen auf. Diese Methode hat viele Vorteile, weist aber auch gewisse Nachteile auf (vgl. »Mutti bleibt zu Hause«, Seite 231). Dazu kommen noch die ironischen Bemerkungen der anderen Familienväter, der jungen Mütter auf den Spielplätzen und in den Parks und beim Kaufmann an der Ecke.

Die Null-Lösung

Baby paßt auf sich selber auf. Diese Methode bietet ebenfalls viele Vorteile, aber auch Nachteile, die nicht vernachlässigbar sind.

Das Polizeirevier

Man setzt das Baby unauffällig in seinem Kinderwagen vor einem Polizeirevier ab. Abends kommt man dann wieder zurück und holt es ab, indem man alle Zeichen totaler Verzweiflung zur Schau stellt und Freudentränen über das Wiederfinden des Kleinen vergießt. Sicher gibt es auch hier viele Vorteile, aber mindestens genauso viele Nachteile. Formulare sind auszufüllen, man muß peinliche Verhöre über sich ergehen lassen, und man hat Schwierigkeiten, diese Methode mehrmals hintereinander durchzuziehen, ohne seine Glaubwürdigkeit zu verlieren.

Die Zigeuner

Man übergibt das Baby zusammen mit einem wohlgefüllten Portemonnaie einer durchziehenden Zigeunerfamilie. Zwanzig Jahre später ist der Kleine König der Zigeuner geworden und tritt als Geigenvirtuose im Fernsehen auf. Man erkennt ihn an seinem Muttermal auf der rechten Schulter wieder. Leider kann diese Spielart zu Komplikationen führen, falls die junge Mutter davon nicht in Kenntnis gesetzt wurde.

Schneidezahn, Backenzahn & Co.

Wenn das Baby einmal die Hürde des sechsten oder siebten Monats genommen hat, »rücken die Zähne in den Vordergrund«. Baby wird jetzt seine Zähnchen bekommen, daran führt kein Weg vorbei. Wenn es keine bekäme, wie wäre es dann möglich, ihm später einmal ein künstliches Gebiß anzudrehen? Oder wie sollte es sich später die Fingernägel abkauen?

Diese ganze Sache trifft Sie natürlich nicht unvorbereitet. Es ist Ihnen wahrscheinlich nicht entgangen, daß sich Ihre Frau schon vor der Geburt mit Fluortabletten vollgestopft hat und daß das Kleine jeden Tag eine zerquetschte Fluortablette in sein Fläschchen bekommt. Der Kinderarzt hat Ihnen gesagt, daß es dadurch von Karies verschont bleiben wird. Dem Kinderarzt ist es übrigens – das sei hier nur am Rande bemerkt – natürlich völlig Wurst, daß er dadurch den Zahnarzt arbeitslos macht. Man kann sogar den Eindruck gewinnen, daß ihm das Freude macht. Ist das zu glauben?

Ist das »Zähnekriegen« voraussehbar? Gibt es irgendwelche Vorzeichen, an denen man es erkennen kann? Manche Frauen behaupten, ja. Aber für diese Damen ist alles ein Vorzeichen beginnenden Zahnwuchses. Durchfall? Die Zähne. Ein wunder Popo? Die Zähne. Schreien und Weinen? Die Zähne, wie schon gesagt. Erhöhte Temperatur? Wieder die Zähne. Ein Erdbeben in Kyoto? Auch das liegt natürlich an den Zähnen.

Das Ganze darf man nicht zu ernst nehmen. Zum Beispiel, welchen Zusammenhang sollte es wohl zwischen einem wunden Popöchen und der Tatsache geben, daß die Zähne zum Vorschein kommen (wenn man von dem ganz seltenen

– aber um so schmerzhafteren – Fall absieht, daß erstere sich in letzteren verbeißen)? Bei diesem ganzen Gerede handelt es sich also um dummes Zeug, wie es normalerweise nur Trinker erzählen (sollte Ihre Schwiegermutter auch solche Geschichten erzählen, dann sind wir natürlich bereit, den »Trinker« zurückzunehmen).

Eines steht jedoch fest: Das Baby ist nicht sehr erfreut über das, was da in seinem Mund vorgeht. Es ist brummig, mürrisch, miesepetrig, wütend. Es schaut bitter und wenig liebenswürdig drein. Es stürzt sich wie ein junger Hund auf alles, was in seine Nähe kommt, und verbeißt sich mit einer wilden Entschlossenheit in alles mögliche, bis hin zur Hand, die es füttert. Alleine schon an dieser Tatsache läßt sich ablesen, wie sehr es nicht mehr Herr seiner Sinne ist.

Schließlich – meist gegen Ende des achten Monats – brechen die beiden ersten Zähnchen durch, nachdem sie sich mühsam einen Weg durch das Zahnfleisch gebahnt haben. Es

handelt sich dabei um die unteren Schneidezähne. Seien Sie gleich vorgewarnt. Sie werden erschrecken. Die neue Sachlage wird Sie ein bißchen durcheinanderbringen, denn irgendwie hatten Sie sich an den zahnlosen, rosigen Kiefer des Kleinen gewöhnt. In gewisser Weise fanden Sie sein zahnloses Lächeln sympathisch. Das plötzliche Auftauchen dieser zwei Beißerchen wird Sie total überraschen. Sie werden Ihnen ziemlich unpassend vorkommen – ja Sie könnten sogar den Eindruck haben, daß sie das Gesamtbild verschandeln. Das alles ist ganz normal.

Diese brandneuen Schneidezähne sind nämlich von einem aggressiven Weiß, außerdem erscheinen sie Ihnen überdimensional groß. Fragen Sie sich nicht weiter, was da nicht stimmt: ihre Größe ist es, die Ihnen angst macht. Sie sollten wissen, lieber Leser, daß sich das alles im Lauf der Zeit von selbst regeln wird.

Erstens wird der Kopf des Babys größer werden – vor allem, wenn es später einmal eine gute weiterführende Schule besucht. Zweitens werden seine Zähne kleiner werden, und zwar als Folge einer Serie kleinerer Zwischenfälle (wie zum Beispiel Stürzen auf Betonböden, Stößen gegen Fensterbretter oder Spielsachen aus Metall, die ihm irgendein Spielkamerad an den Kopf wirft, usw. ...).

Aber abgebrochene, gesprungene, abgesplitterte Zähne – ist das nicht wieder ein neues Drama, das da auf Sie zukommt? Überhaupt nicht. Die Natur hat perfekt vorgesorgt, und dieses erste Wegwerfgebiß (oder Milchzähne, wie sie auch genannt werden) wird später automatisch total erneuert. Und zwar kostenlos – eine Tatsache, die nicht zu vernachlässigen ist.

Andererseits, wenn die Natur es wirklich gut meinen würde mit uns, dann hätte sie auch für die dritten Zähne gesorgt, und zwar so um das Alter zwischen vierundzwanzig und fünfundzwanzig Jahren. Die Jahre vor dieser Altersstufe sind nämlich auch durch häufige »Zahnbrüche« gekennzeichnet: Demos, Gummiknüppel, Steinwürfe, abprallende Tränengasgranaten, die Rallye Paris – Dakar, Explosionen chemischer Fabriken usw. Aber was nützt das ganze Jammern? Machen wir das Beste aus dem, was wir haben.

Um den neunten Monat herum tauchen dann die oberen Schneidezähne aus den Tiefen des Kiefers auf. Das bedeutet, daß das Kleine jetzt richtig zubeißen kann. Und was das wirklich heißt, werden Sie bald merken. Sollte es Ihnen einen Finger abbeißen, dann nur keine Panik: *Der Biß eines Babys ist nicht giftig!* (Es sei denn – natürlich –, es handelt sich um das Baby einer Klapperschlange).

Zwischen dem zwölften und fünfzehnten Monat kommen dann weitere Zähne zum Vorschein: die beiden unteren seitlichen Schneidezähne, die beiden unteren und die beiden oberen vorderen Backenzähne. Und ab dem sechzehnten Monat kommen die unteren und die oberen Eckzähne zum Vorschein.

He, Sie! Das darf doch wohl nicht wahr sein! Da schlafen doch tatsächlich einige auf den hinteren Plätzen. Na gut, es wäre vielleicht anschaulicher gewesen, an dieser Stelle ein Schema einzufügen. Aber das kommt gar nicht in Frage. Das wäre nämlich viel zu teuer. Wo kämen wir denn hin, wenn man in einem so preiswerten Buch, dessen Herstellungsbudget schon eng war, überall Schaubilder einflechten würde?

Alles, was wir für Sie tun können – und das ist doch gar nicht mal so übel –, ist, Ihnen noch einmal auf die Schnelle ein bißchen Grundlagenwissen in Erinnerung zu rufen:

Die *Schneidezähne* sind die Zähne, mit denen man abbeißt.
Die *Backenzähne* dienen zum Zermahlen der Nahrung.

Die *Eckzähne* dienen dazu, etwas abzureißen. Bei manchen Tieren nennt man sie auch Fangzähne.

Am Rande sei jedoch erwähnt – seien Sie deshalb aber nicht traurig –, daß die Natur nichts vorgesehen hat zum Bohren, Schmirgeln, Fräsen oder Zerhacken. Nun, was sollen wir Ihnen da groß sagen? Es handelt sich eben um eine Fehlkonstruktion. Und daran können wir nichts ändern. Es bringt uns kein Stück weiter, wenn wir uns jetzt stundenlang damit beschäftigen.

Um noch mal auf die oberen Eckzähne zurückzukommen, sei ausdrücklich darauf hingewiesen, daß sie erst zwischen dem zwanzigsten und dem zweiundzwanzigsten Monat durchbrechen sollten. Nehmen wir einmal an, sie kommen schon vorher heraus. Deutlich vorher. Nehmen wir weiterhin an, es handelt sich bei ihnen um die allerersten Zähne, die bei Ihrem Baby überhaupt zum Vorschein kommen. Was würde das bedeuten? Müßte man sich deswegen Sorgen machen?

Auf alle Fälle. Das wäre sehr ernst. Solch ein Symptom kündet immer eine furchtbare Katastrophe an. Sollte es in Ihrer Familie auftreten, sehr geehrter Herr, dann zögern Sie keinen Augenblick. Führen Sie Ihre Nachforschungen mit kriminalistischer Akribie durch. Verhören Sie Ihre Gattin, und fassen Sie sie dabei nicht mit Glacéhandschuhen an. Sollte sich herausstellen, daß sie oder ihre Familie aus irgendeinem abgelegenen Dörfchen in den Karpaten stammt, dann ist kein Zweifel mehr möglich: Sie haben Drakulas Tochter geheiratet.

Reagieren Sie sofort und hängen Sie überall in Ihrer Wohnung Knoblauch auf. Besorgen Sie sich einige Kanister Weihwasser und einen möglichst großen Rosenkranz. Üben Sie den Umgang mit selbigem, denn als »blutiger Anfänger«

wäre das Risiko, das Sie eingehen, übergroß. Vor allen Dingen aber behalten Sie ruhig Blut, denn wenn Sie es nicht behalten, werden Sie es ganz schnell los sein. Ihre Situation ist keinesfalls rosig, und das Wort »Säugling« hat in Ihrem Fall einen ziemlich unheimlichen Beiklang.

Die Warnung des Doktor Hermann Paull

Viele Kleinkinder, die gesund auf die Welt gekommen sind, sterben, weil ihre Ernährung falsch und unvernünftig ist. Vor allem in den Großstädten sind Babys durch Ernährungsfehler gefährdet.

Nicht nur, damit es Sie beißen kann, hat die Natur das Baby so großzügig mit Zähnen ausgestattet. Die Tatsache, daß es nun ein Gebiß hat, deutet auch darauf hin, daß der junge Organismus ab jetzt bereit ist, von einer rein auf Milch basierenden Ernährung auf eine andere Kost umzusteigen. Sie sind schon ganz stolz, nicht wahr? Sie sagen sich, daß die Brüste Ihrer Frau nun nicht mehr als Vorratsbehälter dienen und daß vielleicht noch etwas von ihnen zu retten ist. Oder Sie denken, daß endlich der Moment gekommen ist, die vermaledeiten Babyfläschchen wegzuräumen oder sie sogar in einem Freudentaumel zu zerschmettern.

Gewisse Personen, die vorgeben, sich auszukennen, werden Sie in dieser Ansicht noch bestärken. »Es ist geschafft«, wird man sagen und Ihnen dabei auf die Schulter klopfen, »jetzt wird es essen wie du und ich.« Was für eine Erleichterung!

Natürlich. Einverstanden. Man kann das Ganze auch unter diesem Blickwinkel sehen. Leider wird die Realität sehr schnell Ihren Enthusiasmus dämpfen. Es genügt, sich vor Augen zu halten, was das Kind alles braucht, um auch nur einige Stunden lang überleben zu können. Es ist bedrükkend:

- Wasser,
- Eiweiß,
- Fette,
- Kohlehydrate,
- Vitamine,
- Mineralstoffe.

Nicht übel, oder? Und all diese Stoffe waren in der mütterlichen ebenso wie in der kühlichen* Milch enthalten.
Von nun an beginnt eine unermüdliche Suche, um durch eine gemischte Verabreichung der unterschiedlichsten Nahrungsmittel dem kindlichen Organismus alle nötigen Nährstoffe zuzuführen. Leider handelt es sich hierbei auch um Nahrungsmittel, die weniger appetitanregend und schmackhaft sind: Nieren, Melasse, Zitronen, Schmalz, rote Bete, Talg, Melonenkompott und ähnliches.

* Es könnte sein, daß einige von Ihnen sich an dem Adjektiv »kühlich« stören. Aber sicher haben Sie alle verstanden, daß damit die rindviehliche Milch gemeint ist.

Kann man in diesem Zusammenhang wirklich von einer Weiterentwicklung sprechen?

Geben wir uns bloß keinen Illusionen hin: Der kleine Erdenbürger wird vielleicht dieselben Nahrungsmittel zu sich nehmen wie wir, aber er wird es in ganz anderer Art und Weise tun. In ganz anderer Art und Weise und in einer anderen Form. Glauben Sie bloß nicht, daß er seine Zeitung zusammenfalten wird, um dann wohlerzogen mit Messer und Gabel seinen marinierten Schinken zu zerteilen, nachdem er sich selbst seine karierte Serviette um den Hals gebunden hat. Nein, glauben Sie das bloß nicht! Damit er sich dazu herabläßt, überhaupt etwas zu essen, muß man ihm alles im Mixer kleinhacken. Sein kleines Filetsteak, sein kleines Fischfilet, seine kleinen Kalbsleberstückchen, sein kleines Gemüse, sein kleines Kotelett ... alles muß zu einem Brei zermanscht werden. Es ist ein Trauerspiel.

Auch in diesem Fall, liebe Leser, können wir Ihnen empfehlen: Lassen Sie Ihre Gattin nur machen. Lassen Sie sie diese Sache »zum Wohle aller« in die Hand nehmen. Nur eine

kampferprobte Hausfrau, gehärtet am Feuer des Backofens, erfahren im Umgang mit Tranchiermesser und Mixer, ist kaltblütig genug, diese Situation zu meistern. Sie werden stolz auf sie sein, wenn Sie sie so in der Küche stehen sehen. Aufrecht und wunderbar, erinnert sie uns an die Stalingrader Arbeiterinnen, die noch in den Ruinen ihrer völlig zerstörten Fabriken weiterkämpften. Zögern Sie nicht mit Worten der Ermutigung. Sie können ihr keine größere Freude machen.

Das Tragische an dieser neuen Situation ist allerdings, *daß Baby Tischmanieren hat wie ein Schweinchen*. Baby wirkt wie jemand, der noch nicht richtig kapiert hat, wozu die Zunge eigentlich da ist. Auf den ersten Blick, oder zumindest für uns Außenstehende, wirkt es so, als würde seine Zunge ihm weniger dazu dienen, Nahrungsmittel zu kosten, als sie vielmehr aus dem Mund hinauszubefördern. Es prustet und spuckt auf den Löffel. Es zappelt hin und her, beschmiert sich von oben bis unten, beschmiert Sie von oben bis unten (falls Sie unglücklicherweise in seine Schußlinie geraten sollten), beschmiert alles von oben bis unten. Wenn das Baby dabei ist, Nahrung aufzunehmen, ist es empfehlenswert, niemals näher als höchstens fünf Meter heranzugehen. Es empfiehlt sich, ein im Handel erhältliches stabiles Plastiklätzchen zu verwenden. Außerdem ist es nötig, das ausgehungerte Kind in ein Tuch oder eine wasserfeste Zeltplane einzuwickeln. Ideal wäre es natürlich, es im Freien zu füttern. Zum Beispiel auf einem unbebauten Grundstück, einem Ruinengrundstück oder ähnlichem.

Gibt es eine Möglichkeit, sich dem Frondienst des Fütterns zu entziehen oder sich zumindest die unangenehme Zubereitung der Mahlzeiten zu erleichtern? Jawohl. Es gibt die sogenannte »Gläschenkost«, die man in Drogerien, Apotheken, Supermärkten und sogar im Tante-Emma-Laden an der Ecke kaufen kann. Es handelt sich um Breichen aus feingehacktem Fleisch und zerquetschtem Gemüse, püriert und zubereitet, die ohne weitere Vorbereitung servier- und ausspuckfertig sind. Rindfleisch mit grünen Bohnen, Lammfleisch mit Karotten, Hähnchen mit Schwarzwurzeln usw. ... Man braucht sie nur noch einige Minuten lang aufzuwärmen. Das ist äußerst praktisch. Wir können sie Ihnen nur empfehlen. Einziger Nachteil dieser Gläschen: ihr Inhalt ist ungenießbar. Sogar das Baby weigert sich, sie zu essen, und das will schon einiges heißen, weil es normalerweise so ziemlich alles in den Mund nimmt.

Bleibt uns nur noch die Lösung für junge Leute von heute. Wo findet man heutzutage eine komplette, moderne, kompakte Mahlzeit? Wo findet man den vollwertigen Ersatz für die Milch? Nur bei McDonald's. Ein sorgfältig pürierter Big-Mac, angereichert mit einem Schuß Coca-Cola und etwas Ketchup – das ist die Lösung. Natürlich werden die Ernährungsberater jetzt wieder in Protestgeschrei ausbrechen. Aber lassen Sie sich eines gesagt sein: Ernährungsberater blicken sowieso nicht durch.

Wenn man es sich recht überlegt, kann man den Geschmack des Kleinen unter drei Hauptkriterien zusammenfassen. Es liebt alles, was

- nach nichts schmeckt,
- schön bunt ist,
- auslaufen, spritzen oder umkippen kann.

Um Sie vor einem größeren Zeitverlust zu bewahren, haben wir Ihnen hier eine Liste all der Nahrungsmittel zusammengestellt, die das Kleine nie und nimmer essen wird:

- Spinat,
- Spargel,
- spanischen Landwein,

- zerstoßenes Manioc,
- zerstoßenes Glas,
- Sesamkörner,
- Industriekeramik,
- Schwartenmagen,
- Schweinshaxe,
- Gänsehaut.

Nun noch etwas zum Thema »Kinder, die nicht essen wollen«. Es soll sie geben, diese Kinder, die wie gelähmt vor ihrem Teller sitzen und ihn angsterfüllt anstarren, während heiße Tränen über ihre Bäckchen kullern. Man hat das Gefühl, wenn sie sprechen könnten, würden sie um Hilfe rufen. Sollte Ihr Kind sich so benehmen, was muß man daraus folgern? Warum zum Teufel will es nicht essen? Zum gegenwärtigen Zeitpunkt kann ein Hungerstreik aus politischen Gründen wohl noch ausgeschlossen werden. Also bleiben nur drei andere Möglichkeiten:

1. Das kleine Wesen ist ein Asket. (Könnte es sein, daß die Gnädige etwas mystisch angehaucht ist?)
2. Man füttert es ausschließlich mit vorgefertigter Babynahrung. (Könnte es sein, daß die Gnädige eine sehr bequeme Mutter ist?)
3. Man setzt ihm nur ungenießbare Mahlzeiten vor. (Könnte es sein, daß die Gnädige überhaupt nicht kochen kann?)

Wie dem auch sei, es ist noch nie ein Fall bekanntgeworden, in dem ein Baby sich freiwillig zu Tode gehungert hätte. Machen Sie sich also auch um Ihr Kind keine übertriebenen Sorgen. Es wird immer gerade genug essen, um sich noch in Ihrem Auto übergeben zu können.

Das altbewährte Hausmittel des Doktor Hermann Paull
Lebertran ist ausgezeichnet für kleine Kinder.

Die altbewährte Frage der Autoren hierzu
Wie kommt man zu einer tranigen Leber?

Praktische Anmerkungen

Zur weiteren Information empfehlen wir folgende Bücher:
Vom ersten Breichen bis zum überbackenen Fleischkäse, Kochkunst für Kinder im Babyalter, Paul Kombüse, Gabel Verlag Frankfurt 1988.
Der lange Marsch von Mao Tse-tung, Volksverlag, Peking.
Werden sie essen? von Victor Hugo, La Pleiade, coll. Gallimard.
Friß oder stirb von Leonid Bratzsworst, Paris 1954.

Filmtips

Die neununddreißig Stufen (Großbritannien 1935, 86 Min., Thriller). Ein Film von Alfred Hitchcock mit Madeleine Caroll und Robert Donat.
Im Alter von achtzehn Monaten lernt ein Kind laufen. Das bringt natürlich Probleme mit sich.
Auge um Auge, Zahn um Zahn (USA 1981, 105 Min., Abenteuerfilm). Ein Film von Steve Carver mit Chuck Norris, Christopher Lee und Bernard Godec.
Ein Polizist stellt einem beißwütigen Baby nach, und das bringt natürlich Probleme mit sich.
Draculas Mutter (Schweiz 1987, 86 Min., Psycho-Drama). Ein Film von Paulo Swerck mit Edmond Zoublanski und Romuald M'Bongo.
Ein transsylvanischer Fürst wehrt eine mongolische Invasion ab, und das bringt natürliche Probleme mit sich.

Wichtige Adressen

Baby Food Discount (Rindfleisch-Karottenpüree in 5-Kilo-Eimern), Esslingerstraße 5, Stuttgart.
Skate-Surf-Alpin-Shop, Hans-Hass-Str. 17, Koblenz.

Vom achtzehnten bis zum dreißigsten Monat

Alle dreißig Sekunden wird irgendwo auf der Erde ein Kind auf den Topf gesetzt. Man muß es so schnell wie möglich finden und ihm etwas Reis geben.

Uncle Ben

Wenn man es sich recht überlegt, was ist eigentlich der wesentliche Unterschied zwischen den Menschen und den Affen außer der Sprache (und der Körperbehaarung – aber wir schweifen vom Thema ab)? Was hat dieses verweichlichte, rosige Lebewesen zur Krone der Schöpfung gemacht, wenn nicht die Sprache (und der 38er Smith and Wesson Special – aber wir schweifen schon wieder vom Thema ab)? Und was unterscheidet eigentlich den Säugling und das Kleinkind voneinander? Die Sprache. Jawohl! Sie haben ganz richtig gehört: die Sprache.

Ein Jahr lang, und zwar zwischen dem achtzehnten und dem dreißigsten Monat, lernt das Baby, sich anders auszudrücken als durch nervtötendes Geschrei. Sie werden gerührt und ein bißchen nostalgisch feststellen, daß ein Kapitel zum Abschluß kommt. Nichts wird mehr so sein wie vorher. Bald wird Ihnen das Kleine die ersten Widerworte an den Kopf werfen. That's life.

Vor einigen Monaten fing alles an. Fast könnte man es für einen Zufall halten. Mitten in einem unverständlichen Gebrabbel sprach Baby zum ersten Mal deutlich eine Silbe aus. Sehr schnell lernte das Kleine diese Silbe zu verdoppeln, um auf diese Weise seine ersten Worte zu bilden: Papa, dada – ja vielleicht sogar Mama. Aber war das Kleine sich dessen, was es da tat, überhaupt bewußt? Entsprang das Ganze wirklich einer logischen Überlegung, oder war es doch nur ein Zufall?

Bislang schien Ihnen die zweite Möglichkeit wahrscheinlicher. Natürlich haben Sie sich sehr darüber gefreut, daß das Kleine Sie jetzt Papa nennt (Ihre charmante bessere Hälfte war natürlich auch beglückt, als das Kleine sie dann aus purem Zufall auch einmal Mama nannte), aber als es begann, auch sein Breichen, seinen Teddy und all Ihre Bekannten Papa zu nennen, kamen Sie zu dem etwas ernüchternden Schluß,

daß Ihr Nachkömmling wohl doch kein kleiner Goethe wäre und daß es noch eine Weile dauern würde, bis man sich mit ihm vernünftig unterhalten könnte.
Plötzlich wurde alles anders. Seit kurzem sind Sie wirklich das einzige Lebewesen, das er Papa nennt, und täglich lernt er neue Wörter hinzu. Vor Ihren erstaunt geweiteten Augen entwickelt sich Baby zu einem intelligenten Wesen. Jetzt müssen Sie reagieren. Wenn Sie den kleinen Erdenbürger in dieser kritischen Phase sich selbst oder wenn Sie ihn ganz Ihrer Frau überlassen (was – bitte seien Sie uns nicht böse – ersterem gleichkäme), dann würde das kleine Wesen in die Welt hinausgehen ohne das geringste Gefühl für Gut und Böse, ohne die geringste Erziehung, ohne auch nur die Anfangsgründe der Höflichkeit erlernt zu haben.
Mehr denn je ist es nötig, daß Sie die Sache in die Hand nehmen, verehrter Leser. Sie sollten sich immer vor Augen halten, daß es zwei Arten von Männern auf dieser Welt gibt.

Nämlich jene, die sagen: »Zieh bloß Leine, du Pfeife!«, und diejenigen, die darauf antworten: »Aber natürlich, entschuldigen Sie bitte, ich wußte ja nicht, daß ...« Es gibt also Primitivlinge und Menschen, die eine gute Erziehung genossen haben. Jetzt geht es darum, den Grundstein für die diesbezügliche Entwicklung Ihres Kindes zu legen. Welcher der beiden obengenannten Kategorien wird es später angehören? Alles hängt einzig und allein von der Erziehung ab, die Sie ihm angedeihen lassen. Was uns anbelangt, so haben wir unsere Wahl getroffen.

Erste Schritte zur Aufnahme eines konstruktiven Dialogs

Paukenschlag am heimischen Herd. Große Umwälzungen kündigen sich an: Baby spricht. Oder wenn es noch nicht spricht, dann ist jeden Augenblick damit zu rechnen. Wahrscheinlich gingen ihm sein Gebrüll, Geschrei, Geheule und Geplapper allmählich selbst auf die Nerven, und irgendwie kam es sich blöd dabei vor, immer so unverständlich vor sich hin zu brabbeln. Deswegen hat es sich jetzt entschlossen, eine allgemein bewährte Kommunikationsform zu übernehmen. Man glaubt es kaum!

In den Büchern, die sich mit dem Säuglingsalter auseinandersetzen, wird diesem Phänomen gewöhnlich eine große Bedeutung beigemessen. Ganze Kapitel sind seiner Analyse und möglichen Erklärungen gewidmet. Mit akribischer Gründlichkeit gehen die Autoren den verschlungenen Pfaden nach, auf denen das Kleinkind schließlich bis zur Beherrschung der Sprache gelangt. Fragen werden aufgeworfen, mögliche Antworten vorgeschlagen, Theorien aufgestellt. Dabei nimmt man manchmal die trügerische Hilfe der Freudschen Psychoanalyse, der Semantik oder gar der vergleichenden Anthropologie in Anspruch. Kurz gesagt, das Ganze wird geisttötend. Was muß man über die Beweggründe des Kleinen wissen, die ihn zur Aufnahme des Dialogs bewegen? Hauptsache ist doch, daß er spricht – und dabei höflich bleibt.

Und genau an diesem Punkt sind Sie dran, sehr verehrter Leser. Sie selbst und nur Sie. Wir scherzen nicht. Allein durch Ihre Grundhaltung können Sie Ihrem Kind helfen, schnell und richtig zu sprechen. Zunächst einmal geht es darum, ein ausgeglichenes familiäres Klima zu schaffen, eine harmonische, warme, liebevolle Atmosphäre, in der man sehr auf guten Kontakt untereinander bedacht ist. Nehmen wir einmal an, das Kleine kommt in einer stolzen, aber einsilbigen sizilianischen Großfamilie auf die Welt. Stellen wir uns weiterhin vor, daß, sobald irgend jemand in dieser Familie auch nur den Mund aufmacht, jemand anderes sofort sein Klappmesser zückt. Würden Sie anstelle des Babys es sich nicht auch zweimal überlegen, bevor Sie den Mund auftäten? Das gleiche gilt für jene pittoresken Familien, in denen die einzige Stimme, die man ab und zu vernehmen kann, diejenige des ständig betrunkenen Vaters ist, wenn er seine verschüchterte und schweigsame Frau anbrüllt. Und ganz ähnlich ergeht es auch jenen unglücklichen Kindern, die in einem Trappistenkloster aufwachsen.* All diese familiären Atmosphären, so angenehm sie insgesamt auch sein mögen, sind leider wenig dazu angetan, die Sprachentwicklung des Kleinen zu fördern.

Die Grundregel ist eigentlich ebenso einfach wie logisch: *Je mehr Sie mit dem Kleinen sprechen, um so mehr wird das Kleine selbst auch sprechen.* Benennen Sie alle möglichen Gegenstände, für die es sich interessiert, und zwar indem Sie langsam und deutlich sprechen und dies möglichst in akzentfreiem Hochdeutsch. Erklären Sie ihm geduldig und wortreich alles, was es gerade selbst tut, kommentieren Sie auf diese Art und Weise sein ganzes Verhalten. Dieses sanfte »Beibringen« der Sprache sollte bei jeder Gelegenheit wiederholt werden. Drei Beispiele hierfür:

1. Das Baby versucht, ein kleines Gläschen mit Karottenpüree zu ergreifen, und zwar in der augenscheinlichen Absicht, es auf die Erde zu werfen. Es wäre falsch, nur

* A. d. Ü.: Trappisten = Mitglieder eines Mönchsordens, die das Gelübde des Schweigens abgelegt haben.

»Hier!« zu sagen und ihm das Gläschen in die Hand zu drücken. So lernt es nichts. Sagen Sie ihm vielmehr: »Möchtest du das kleine Gläschen mit Karottenpüree, um es auf den Fußboden zu werfen? Ich werde es dir geben. Oh! Prima. Jetzt hast du das kleine Gläschen genommen und es auf den Boden geworfen. Schön!«

2. Das Kleine fällt hin. Sagen Sie: »Hast du die Stufe nicht gesehen? Ooh, da war nämlich eine Stufe, weißt du? So weine doch nicht. Jetzt fahren wir schnell ins Krankenhaus, und der Notarzt näht dir dann die Platzwunde mit ein paar Stichen wieder zu.« Das ist doch viel besser, als hätten Sie nur gesagt: »Paß doch auf, du Schlafmütze!«
3. Baby geht Ihnen leicht auf die Nerven. Sagen Sie: »Möchtest du eine Ohrfeige? Die kannst du haben. Hier, bitte schön.« Das ist natürlich pädagogisch von höherem Wert, als wenn Sie einfach: »Jetzt reicht's!« gesagt und dann zugeschlagen hätten.

Nun ist Ihnen sicher klarer, welch wichtige Rolle Ihnen bei der Sprachentwicklung des Babys zukommt.
Vergessen Sie nie: *Sie können es zum Sprechen bringen*.

Aber hoffen Sie nicht auf Wunder. Im Alter von achtzehn Monaten wird es über höchstens fünfzehn bis zwanzig Wörter verfügen, und mit zwei Jahren plappert es nicht mehr als sechzig Wörter. Diese wenigen Wörter verwendet es nur, um mit Ihnen ganz prosaische, deprimierend banale »Gespräche« zu führen. Das Baby schert sich den Teufel um seinen Stil. Das Plusquamperfekt, Feinheiten des Satzbaus oder lyrische Ergüsse, das alles kommt erst später. Es sei denn, Sie haben es mit einem kleinen Genie zu tun. Natürlich ... aber ohne Ihnen zu nahe treten zu wollen, das würde uns schon ziemlich wundern.
Wie kann man das nachprüfen? Nichts einfacher als das. Soll-

te Ihr Baby zwischen dem zwanzigsten und dem dreißigsten Monat:

- fließend in Burmesisch, Portugiesisch oder Suaheli konversieren
- oder schriftlich die Leibnizschen Thesen zur Aristotelischen Logik widerlegen
- oder eine Bittschrift zur vorzeitigen Zuerkennung des Wahlrechts abfassen ...

... dann, lieber Leser, könnte es tatsächlich sein, daß Sie Vater eines Genies sind. Ganz offen gesagt, das ist ziemlich überraschend für uns. Was sollen wir Ihnen darauf sagen? Und ausgerechnet Ihnen muß so was passieren. Nun, ja ... Wir müssen hier leider weitermachen. Als dann ... tschüs. Bye bye. Au revoir. Alles Gute.
Nun zurück zu Ihnen, verehrter Leser, dessen Kind genauso unbegabt ist wie die meisten anderen Kinder. Seien Sie mit Recht stolz auf diese Tatsache. Seien Sie vorgewarnt: Anfangs wird sich das goldige Kleine in Sätzen ausdrücken, die meist aus nur einem einzigen Wort bestehen. Ökonomischer geht es fast nicht mehr. Wenn es zum Beispiel »Kuche« sagt, dann bedeutet das im Klartext: »Papa, kannst du mir bitte das Stück Kuchen geben, das im Schrank ist?« Genial, nicht?
Drei weitere Beispiele hierzu:

1. Sagt es »A-a«, so wissen Sie, daß es folgendes meint: »Vater, diese scheußliche gestreifte Krawatte paßt überhaupt nicht zu deiner Kaschmirjacke. Wann hörst du endlich damit auf, dich wie ein Penner anzuziehen?«
2. Wenn das Kleine »Peng, Peng« sagt, meint es damit: »Die verdächtige Person macht von ihrer Schußwaffe Ge-

brauch. Schußwechsel Ecke Kaiserallee/Sofienstraße. Fordern dringend Verstärkung an.«
3. Sagt es »Polizei«, so heißt das: »Bitte Ruhe bewahren, dies ist eine Routinekontrolle. Bleiben Sie bitte stehen und weisen Sie sich aus.«

Nach dem Stadium der Ein-Wort-Sätze kommt es zu den ersten Aneinanderreihungen von zwei oder mehr Wörtern. In der Art: »Papa weg/ich Tarzan/weißer Mann gut/Kojote jagen Präriehund« usw. Unter uns gesagt, bestärken Sie das kleine Wesen nicht, so weiterzumachen. Vermeiden Sie die Verwendung eines solchen Primitivjargons. Er stellt eine Gefahr für die Menschenwürde Ihres Kindes dar. Baby ist kein »guter Wilder«. *Baby ist kein Zulu-Träger, den man gezwungen hat, an einer Safari teilzunehmen.*

Andererseits sollte man auch keine zu geschraubte Sprache verwenden. Sonst könnte es sein, daß Baby überhaupt nichts kapiert. Auch hier gibt es eine einfache Regel: Wenn Sie die Wahl haben zwischen zwei Wörtern, verwenden Sie das einfachere.

Bitte beachten Sie die Tatsache, verehrter spontaner, junger Vater, daß das Kind sich beim Erwerb seines Wortschatzes und bei der Art, wie es sich ausdrückt, sehr stark an Ihnen orientiert. Es wird Ihre Intonation, ja sogar Ihre Stimmlage nachahmen und, ohne zu zögern, Ihren Wortschatz übernehmen. Das heißt, viele der Ausdrücke, die Sie gerne verwenden, werden Sie in seiner Sprache wiederfinden. Vor allen Dingen jene, die Sie besser nie verwendet hätten. Hieraus leitet sich eine Grundregel ab: Passen Sie in seiner Gegenwart sehr auf, was Sie sagen und wie Sie es sagen. Oder ist Ihnen daran gelegen, daß es etwa im ganzen Stadtteil verbreitet, was besser zwischen Ihren vier Wänden geblieben wäre? Sicher wollen Sie auch nicht, daß es der Direktorin

der Kinderkrippe ein »Du kannst mich mal ...« an den Kopf wirft? Oder daß es bei seinen Großmüttern durch ein »Halt endlich deine Klappe!« beinahe einen Herzanfall auslöst? Es kann Ihnen auch nicht egal sein, wenn es die Aufmerksamkeit irgendwelcher Ordnungshüter durch ein lautes »Blödmann« auf Sie zieht? Nein. Natürlich wollen Sie das alles nicht (oder jedenfalls hoffen wir das!).
Also kurzum: Mäßigung in Ihrer Wortwahl tut not, sehr geehrter Herr. Das heißt, Sie sollten Ihre scharfe Zunge im Zaum halten. Die im folgenden aufgeführten Sätze dürften Ihnen dabei eine wertvolle Hilfe sein. Sie sind auf die realen Situationen des täglichen Lebens abgestimmt und besonders für Kinderohren geeignet.

Sagen Sie nicht mehr	Sagen Sie statt dessen:
Verdammt noch mal! Was stinkt denn hier so? Als hätte eine Kuh ins Wohnzimmer geschissen.	Schatz, würde es dir etwas ausmachen, wenn ich das Fenster einen Moment öffne?
Ich sage dir nur eines, du blöde Kuh, du Schlampe: du machst den ganzen Tag nur Mist.	Um ganz offen zu sein, Simone, ich bin mit deinen pädagogischen Prinzipien nicht ganz einverstanden. Aber deine Ansichten sind trotzdem sehr interessant.
Und du! Wenn ich dich noch einmal hier im Flur erwische, dann poliere ich dir die Schnauze!	Geh schnell wieder in dein Bettchen, mein Liebling. Und wenn du noch einmal aufstehst, dann gibt's eins auf den Popo.
Tina, da sind die Bullen wieder! Ich haue übers Dach ab.	Liebling, ich muß kurz weg. Schreib doch bitte den Namen auf, falls jemand nach mir fragen sollte.
Verfluchter Mist! Ich bin schon wieder über die verdammten Bauklötze gestolpert. Jetzt hab ich aber die Schnauze voll!	Würdest du bitte in Zukunft darauf achten, daß die Spielsachen des Kleinen nicht mitten im Weg herumliegen? Das ist doch wirklich nicht zuviel verlangt, oder ...!

Sagen Sie nicht mehr	Sagen Sie statt dessen:
Das darf doch nicht wahr sein! Mein neuer Anzug total versaut!	Helena, glaubst du, wir kriegen diesen Rindfleisch-Karotten-Fleck aus meiner neuen Jacke wieder raus?
Gehst du etwa schon wieder zum Friseur?	Ich muß sowieso in die Stadt, Liebling. Soll ich dich vor dem Haarstudio absetzen?

Sollte sich das Baby trotz unserer ausgezeichneten Ratschläge auch nach dem dreißigsten Monat noch weigern, etwas zu sagen, so kann es vielleicht daran liegen, daß es nichts zu sagen hat. Glauben Sie jedoch nicht, daß es sich nicht trotzdem seine Gedanken macht. Das macht es sicher. Vielleicht ist es aber auch stumm oder stocktaub. Wer weiß?

Übrigens, glauben Sie nicht, daß es vielleicht besser wäre, stocktaub zu sein, als sich so einen Quatsch anhören zu müssen?

Ein anrüchiges Thema

Ab wann sollte man versuchen, das Baby zur Sauberkeit zu erziehen? Das ist eine wichtige Frage, an der die Geister sich scheiden. Manche Ärzte sind der Meinung, daß man ab dem siebten oder achten Monat damit beginnen kann. Andere wiederum vertreten den Standpunkt, daß das absolut unnötig sei. Wieder andere glauben, es sei sogar schädlich. Also: Was nun? Wer blickt da noch durch?

Unserer Meinung nach kommt es ganz auf Ihre Verfügbarkeit an. Je mehr Zeit Sie in die Sache investieren können, um so früher werden Sie wohl damit beginnen (... ohne daß dies jedoch irgendwie den natürlichen Ablauf der Dinge beschleunigen muß). Was uns betrifft, so soll an dieser Stelle nur gesagt sein, daß man vor Ablauf des dreißigsten Monats an die Sache herangehen sollte, nämlich solange das Kind noch in dieser berüchtigten »analen Phase« ist. Mit anderen

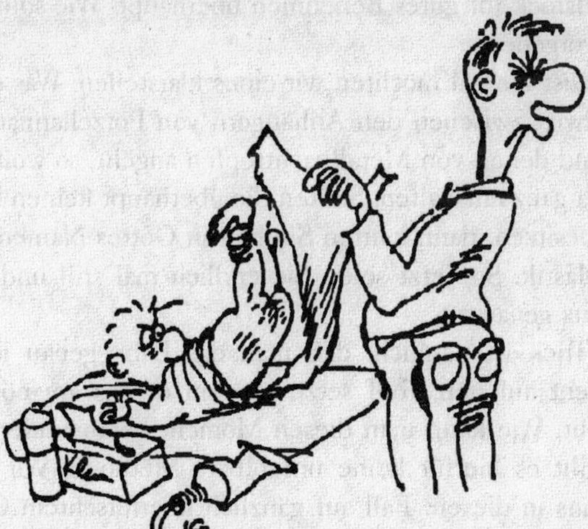

Worten, solange es sich noch für seinen Verdauungstrakt begeistern kann. Wenn diese Altersgrenze einmal überschritten ist, werden seine Interessen so vielseitig, daß es ihm viel schwerer fallen dürfte, sich auf etwas zu konzentrieren, das es für nebensächlich hält.

Soviel zur theoretischen Seite des Problems. Einfach gesagt: Bevor wir im Thema weitergehen, ist es wichtig klarzustellen, daß ein sauberes Baby nicht vergleichbar ist mit einem Gentleman. Ein Gentleman verfügt nämlich nicht nur über ausgezeichnete Manieren, sondern auch immer über eine frische Nelke im Knopfloch. Er verbringt seine Tage bei der Maniküre, hat ausgezeichnete Tischmanieren und wechselt alle zwei Monate seine Zahnbürste. Außerdem hält er von sich aus sein Zimmer in Ordnung. Wachen Sie auf, meine Herren, träumen Sie nicht. Die Wirklichkeit sieht ganz anders aus. Man spricht schon dann von einem »sauberen« Kind, wenn es nur noch selten in seine Windel macht. Das hört sich nach nicht viel an, aber glauben Sie uns, es ist der Grundstock für gutes Benehmen überhaupt. Wie sollte man nun vorgehen?

Zunächst einmal möchten wir eines klarstellen: Was den alten Zwist zwischen den Anhängern von Porzellannachttöpfen und denen von Metallnachttöpfen angeht, so wollen wir uns da ganz raushalten. Sollten Sie überhaupt keinen Nachttopf besitzen, dann kaufen Sie halt in Gottes Namen einen aus Plastik. So, jetzt seien Sie endlich mal still und hören Sie uns genau zu.

Der Trick ist nämlich, daß man das Baby genau in dem Moment auf den Topf setzt, in dem es das am nötigsten braucht. Wie kann man diesen Moment herausfinden? Leider gibt es hierfür keine unfehlbare Methode. Wir bewegen uns in diesem Fall auf gänzlich unerforschtem Gebiet, auf einer Terra incognita, wo wir ganz und gar vom Zufall abhängen. Manche Kleinkinder zeigen relativ deutlich an, wenn etwas im Anzug ist. Sie werden rot, fangen an sich zusammenzukrümmen, trippeln mit den Füßchen oder halten sich den Bauch. Die Botschaft ist klar. Bei anderen wiederum gibt es keinerlei besondere Vorzeichen. Plötzlich ist es passiert, das war's. Sie stehen der Sache machtlos gegenüber.

Das ist irgendwo – Sie spüren es – eine abgrundtiefe Ungerechtigkeit, eine Ungleichheit der Chancen, die durch keinerlei soziale Vorkehrung kompensiert werden kann, eine feige und verabscheuenswürdige Boshaftigkeit des Schicksals ... Aber so ist das nun mal. Es nützt gar nichts, sich dagegen auflehnen zu wollen, glauben Sie uns. So ist nun mal das Leben! Aber trotzdem, irgend etwas muß man doch tun können. Ja, und zwar jeder auf seine Art. Solch eine Situation schreit förmlich nach Improvisation, nach Experimentierfreudigkeit – ja sogar nach Aberglauben.

Einige Eltern werden unter dem Absingen von magischen Beschwörungsformeln um das Töpfchen tanzen. Andere wiederum setzen das Kind systematisch nach jeder Mahlzeit auf den Topf, als ob dies die beste aller Lösungen wäre. Wieder andere lassen es so lange dort sitzen, bis es schließlich sein Geschäftchen gemäß den Regeln unserer Zivilisation verrichtet hat. Das Ergebnis sind jedoch oft nur Geschrei und bittere Enttäuschungen.

Manchmal kommt es auch vor, daß das Baby, nachdem es stundenlang brav auf seinem Töpfchen gesessen hat, ganz plötzlich aufspringt, um sein Geschäftchen auf dem Teppichboden zu erledigen. Das bedeutet nicht unbedingt, daß es Sie absichtlich ärgern möchte. Es hat einfach noch nicht kapiert, was man von ihm erwartet. Die ganze Situation kann ziemlich deprimierend sein – auf alle Fälle geht sie sehr an die Nerven.

In einem solchen Moment fragen Sie sich wahrscheinlich: Wozu das Ganze? Wozu diese ganze Energieverschwendung? Und plötzlich fällt es Ihnen wieder ein. Sie werden die Zähne zusammenbeißen und durchhalten. Es fällt Ihnen nämlich wieder ein, welchen Sinn das Ganze hat: Falls es klappt, brauchen Sie keine Windeln mehr zu kaufen (*das heißt, Sie sparen eine Menge Geld*).

Versetzen wir uns einen Moment lang an die Stelle des Kleinen. Er (oder sie) hat in dieser Partie nicht die besten Karten. In seinem kleinen Gehirn muß ein logischer Zusammenhang hergestellt werden zwischen dem natürlichen Bedürfnis, das er befriedigen muß, dem Topf, auf den die Erwachsenen ihn immer wieder setzen, und dem Wohlbehagen, das er empfinden würde, wenn sein Po sauber und trocken wäre (das heißt, wenn er sich ein bißchen zurückhalten würde). Er muß also einen Zusammenhang herstellen zwischen der übergroßen Freude, die er seiner Familie machen würde, wenn er sich schließlich wie ein zivilisiertes Wesen benähme, und einigen anderen wichtigen oder auch weniger wichtigen Parametern (die aber insgesamt gesehen nicht zu vernachlässigen sind). Kurz gesagt: das Ganze ist furchtbar kompliziert. Auch das Verhältnis zu seiner Mutter spielt nämlich eine große Rolle in dieser ganzen Geschichte. Weiterhin spielen gewisse atavistische Instinkte und noch andere völlig unverständliche Dinge hinein. Letztere möchten wir Ihnen eigentlich ersparen. Erstens, weil das ganze Kapitel nicht zu lang werden soll, und zweitens auch aus christlicher Nächstenliebe. Armes kleines Wesen! Das Unglaublichste an der ganzen Geschichte ist, daß Baby es schließlich doch schafft, früher oder später sein Geschäftchen nur noch dort zu verrichten, wo man das auch tun darf.

Denn schaffen wird Ihr Kind es, lieber Leser: mit zweieinhalb Jahren, mit drei Jahren, mit sechs, zehn oder vielleicht auch erst mit achtzehn Jahren. Und an dem Tag, an dem es schließlich geschafft ist, zeigen Sie ihm, wie sehr Sie sich über seine Leistung freuen. Gratulieren Sie ihm, klatschen Sie ihm Beifall. Betrachten Sie andächtig den Inhalt des Töpfchens. Machen Sie Fotos. Laden Sie Freunde ein. Stimmen Sie Gregorianische Choräle an – Freudengesänge, die glorreich und donnernd in das strahlende Blau des Firmaments aufsteigen, von Ewigkeit zu Ewigkeit. Amen. Altes Haus, Sie haben wieder einmal eine lange und schwere Etappe auf dem steinigen Pfad der Vaterschaft hinter sich gebracht.

Was die weitere Abfolge der Ereignisse angeht, vergessen Sie nicht, Ihrer Frau eine Rolle Toilettenpapier zu reichen. Seien Sie höflich, aber bestimmt.

Zum Abschluß müssen noch zwei Sonderfälle angesprochen werden, die leider viel öfter vorkommen, als man denkt:

1. Baby ist wunderbar sauber für sein Alter, braucht aber sehr, sehr lange für sein Geschäftchen. Was folgt daraus? Baby ist Schweizer.
2. Baby ist schmutzig, sehr schmutzig. Sehr viel schmutziger als alle vergleichbaren Babys seines Alters. Ist das schlimm, Herr Doktor? Aber nein, ein übertriebener Sauberkeitsdrang ist eine der vielen Legenden, die sich um unser Volk ranken. Davon abgesehen werden heute ausgezeichnete Windeln für Erwachsene hergestellt. Sehen Sie also mit Zuversicht in die Zukunft.

Das Schweigen des Doktor Hermann Paull

»Das Fehlen weiterer Kommentare unseres geschätzten medizinischen Beraters hat seinen Grund in einer ganz simplen Tatsache: in meiner Unbefangenheit hatte ich Jean-Louis Festjens das einzige Exemplar von ›Die Frau – eine umfassende Einführung‹ geliehen, und er hat es natürlich prompt verschlampt.« *gez.*: Pierre Antilogus.

»Stimmt ja gar nicht!« *gez.*: Jean-Louis Festjens.

Baby entdeckt das Buch

In der Abenddämmerung, wenn das Großwild zur Tränke kommt, kehrt der junge Vater an den heimischen Herd zurück und zischt ein Bierchen. Mit geschlossenen Augen lehnt er sich im Sessel zurück, zieht genüßlich seine Schuhe aus und lockert seine Krawatte. Das ist der göttlichste Moment des ganzen Tages.

Dies ist auch die Stunde, zu der der Nachwuchs – gesättigt, aber keineswegs müde – die Wohnung durchstreift. Er weiß, daß der unvermeidliche Moment, ins Bett zu gehen, näherrückt. Mit List und Tücke versucht er diesen Moment natürlich so lange wie möglich hinauszuzögern. Seiner Mutter gegenüber gibt er vor, so beschäftigt zu sein, daß ein Zubettgehen nicht in Frage kommt. Eine Methode, um dies zu erreichen, ist – zum Beispiel –, sich vor den Fernseher zu hocken. Diese Methode hat jedoch fast nie Erfolg. Eine aktuelle Umfrage von *Infratest* hat ergeben, daß 78,8 Prozent der jungen Mütter trotzdem sagen: »Ab ins Bett.« Eine andere, weitverbreitete Methode besteht darin, sich auf dem Boden zu wälzen oder sich am Teppich festzuklammern. Das klappt auch nicht. Erstens heißt es trotzdem: »Ab ins Bett«, und zweitens gibt es Knatsch. Eine weitere Methode besteht darin, mit einem Buch in der Hand auf Papas Schoß zu klettern. Genial ... Absolut genial!

– Da, Papa ...
– Mmh?
– Da! Da! DA!!

Einwurf der Mutter: »Du könntest dich auch mal ein bißchen um deinen Sohn (deine Tochter) kümmern.« Gesichtsausdruck des Vaters: angespannt, übellaunig. Gesichtsausdruck des Kindes: locker, vertrauensvoll, sich seiner Wirkung instinktiv bewußt.
Schließlich lächelt der junge Vater, stellt sein Glas ab, nimmt das Buch. Er ist zuversichtlich, denn mit einem kurzen Blick hat er erkannt, daß es sich um maximal zehn Seiten handelt. Ruckzuck. Kein Problem, denkt er. Denkste! Das Kleine strahlt, macht es sich bequem, während Papa Seite eins aufschlägt.

– Oooh! (dieses bewundernde »Oooh« ist typisch für alle jungen Väter, die ein Kinderbuch aufschlagen.) Schau mal, ein kleiner Hund ...
– Wauwau.
– Und guck mal, die große Sonne hier.
– Wauwau.
– Ja, das ist ein kleiner Hund, und er freut sich, weil die Sonne scheint. Siehst du die große Sonne da?
– Wauwau.
– Ja, prima, das ist ein Hund. So, was kann ich dir jetzt noch erzählen?
– Wauwau.
– Ja, ein schöner Hund. So, blättern wir jetzt um?
– Wauwau! Wauwau!!

Streß auf seiten des Vaters. Das Kleine weigert sich absolut, ihn umblättern zu lassen. Was in Dreiteufelsnamen kann man sonst noch über diese Seite sagen? Das einzige, was man sieht, ist ein kleiner, orangefarbener Hund mit schwarzen Flecken (also wirklich ...) und eine große gelbe Sonne. Der Finger Ihres Sprößlings landet auf der Schnauze des Hundes.

– Wauwau?
– Ja, das ist die Nase von dem kleinen Hund. Und wo ist deine Nase, Mäuschen?

Mäuschen steckt einen Finger in die Nase. Papi nutzt diese kurze Ablenkung zum Umblättern. Bravo!

– Oooh, jetzt hat der kleine Hund eine kleine Katze getroffen. (Na so was, denkt der Vater. Wie originell. Und damit verdienen manche Leute ihr Geld!)
– Wauwau.
– Ja, ein schönes Kätzchen.
– Wauwau.
– Wie macht das Kätzchen?
– Wauwau.
– Nein, es macht miau.
– Wauwau.
– Also gut. Und jetzt ist es langsam Zeit, ins Bettchen zu gehen.
– Nein, nein, n-e-i-n!!!

Neue Einmischung der Mutter. Vater hat die Nase voll und beschließt, die dämliche Geschichte des Buches durch eine eigene Version zu bereichern.

– Siehst du, der kleine Hund wollte auch nicht ins Bettchen gehen. Seine böse Mama wurde dann sehr wütend, und darum ist er von zu Hause weggelaufen. Und dann hat er das Kätzchen getroffen. Aber leider war das Kätzchen eine verzauberte böse Hexe, und die hat ihm dann eine ganz schwere Frage gestellt: »Was ist der Unterschied zwischen einem Hut?« Der kleine Hund konnte diese Frage nicht beantworten, und die böse Katzenhexe hat ihn deshalb in eine Bildzeitung verwandelt. Der kleine Hund war sehr unglücklich, weil ihn niemand lesen wollte.

Genau in diesem Augenblick kommt Mama hinzu und betrachtet gerührt die harmonische Familienidylle. Aber Baby blickt jetzt voll durch.

– Böse Mama!

Und es gibt wieder Ärger ...

Tips zur Buchauswahl für die Kleinen

1. Bücher, deren Seiten weniger als fünf Millimeter dick sind, scheiden automatisch aus.
2. Vermeiden Sie Bücher, auf deren Titelseite Aufdrucke wie »frech, sexy, ungekürzt usw.« vorkommen.
3. Kaufen Sie keinesfalls das Buch, das Ihnen selbst am besten gefällt. Hüten Sie sich vor dezenten Farben, qualitativ hochwertigen Zeichnungen und literarisch wertvollen Texten. Suchen Sie sich eine blöde Geschichte aus, mit unmöglichen Charakteren und knalligen Farben. Denken Sie immer daran, daß das Kleinkind nicht die Spur von Geschmack besitzt. Daraus folgt: je furchtbarer, desto besser.
4. Verzichten Sie auf anspruchsvolle Einbände, vermeiden Sie auch bewegliche Teile und ausklappbare Seiten – sie haben keinerlei Überlebenschancen.
5. Apropos Überlebenschancen: Kosten Sie die Druckerschwärze. Vergessen Sie nie: Das Kleinkind lutscht hingebungsvoll an allem, was es erreichen kann. Wie wählt man richtig aus? Schauen Sie auf der Umschlagseite nach, wann das Buch gedruckt wurde. Ist es älter als ein Jahr, dann ist die Druckerschwärze nicht mehr so frisch. Wir raten vom Kauf ab. Im übrigen sollten Sie wissen, daß die Bücher je nach Druckort anders schmecken: Portugiesische Druckerschwärze etwa hinterläßt einen Nachgeschmack nach Fischsuppe. Wurde das Buch in Italien gedruckt, so hat es das typische Tomatensaucearoma, während ein englisches Buch mehr nach Rindfleisch in Pfefferminzsoße schmeckt. Ein französisches Werk ist sehr leicht an seinem exquisiten Geschmack nach Trüffeln zu erkennen und daher unvergleichlich gut geeignet, die Geschmacksnerven des zukünftigen Feinschmeckers zu sensibilisieren.

Was macht das Baby, wenn es nicht gerade schläft, ißt oder sein Bad nimmt? Nun? Es spielt. Daher auch der Titel dieses Kapitels.

Sehen Sie das nicht gleich zu schwarz. Das Baby ist zwar eine Spielernatur, aber das heißt nicht unbedingt, daß es später seine Laufbahn geteert und gefedert beenden wird. Im Gegenteil. Viele illustre Vertreter der modernen Pädiatrie (Doktor Bratzelton, Doktor Cohen Solal und Doktor Spock – ganz zu schweigen von dem unvergessenen Doktor Hermann Paull) stimmen darin überein, daß das Spiel sehr wichtig ist für die harmonische Entwicklung des Kindes. Hier sei nur noch hinzugefügt: Solange das Kind spielt, läßt es Sie in Frieden, und das ist schließlich auch nicht zu verachten.

An dieser Stelle können wir Ihnen nur ganz warm empfehlen, Ihr Kind zu beobachten, wenn es auf einem Spielplatz herumtollt. Sie werden viel mehr über Ihren Sprößling erfahren, als er Ihnen selbst über sich sagen könnte (was im Moment auch nicht weiter verwunderlich ist, da er noch keine drei zusammenhängende Worte sprechen kann, der goldige kleine Spatz).

Der Eigenbrötler spielt ganz alleine für sich in einer Ecke mit seiner Schaufel und seinem Eimerchen. Von dem Durcheinander, das rings um ihn herrscht, nimmt er keinerlei Notiz. Der Eigenbrötler ist nicht unbedingt sorgfältig oder kreativ. Sein Spiel muß keinen Sinn haben. Einige Eigenbrötler verbringen Stunden damit, ein Eimerchen mit Sand zu füllen, es dann wieder auszuleeren, um es erneut zu füllen. Das sagt wohl alles ...

Seine Zukunft ist unsicher. Er kann Entomologe werden oder Korrektor in einem Verlag oder aber Elfenbeinschnitzer. Nur eines ist absolut sicher: Früher oder später wird der Eigenbrötler Briefmarken sammeln.

Der Zertrümmerer. Er kann alleine spielen oder mit anderen, das ist nicht ausschlaggebend. Ihm ist nur eines wichtig, nämlich pausenlos und so hart wie möglich mit seinem Schäufelchen auf irgendeinen Stein zu schlagen, bis eines von beiden kaputtgeht. Meistens ist es nicht der Stein.

Überraschenderweise ist der Zertrümmerer selten zufrieden, wenn er es schließlich geschafft hat, sein Spielzeug kaputtzumachen. Manche von ihnen beginnen dann sogar zu weinen. In diesem Fall gibt es nur eine angemessene Reaktion: Geben Sie ihm eine neue Schaufel, aber achten Sie darauf, daß er nicht den Kopf eines Spielkameraden mit einem Stein verwechselt.

Seine Zukunft ist armselig. Bestenfalls kann er die Manie, auf allem herumzuhämmern, in einer Tätigkeit als Schmied ausleben (ein Beruf, der allerdings immer mehr ins Hintertreffen gerät). Leider jedoch steht zu befürchten, daß der arme Kleine sein Leben so beenden wird, wie er es begonnen hat: nämlich indem er auf Steinen herumklopft, und zwar im Steinbruch eines Zuchthauses.

Der Angsthase. Er entfernt sich nie weiter als einen Meter fünfzig von seiner Mutter. Er bleibt noch näher bei ihr, falls irgendwelche größeren Hunde auf dem Spielplatz sein sollten. Um nicht aufzufallen, tut der Angsthase so, als würde er spielen. Da er aber laufend um sich blickt, um ja zu sehen, was die anderen Kinder machen, kann er sich nicht so recht auf sein Spiel konzentrieren.

Seine Zukunft läßt nichts Großes hoffen: stellvertretender Abteilungsleiter, Unterstaatssekretär, stellvertretender Polizeipräsident. Der Angsthase wird immer zögern, sich in den Vordergrund zu drängen und Entscheidungen zu treffen – vor allem wenn große Hunde in der Nähe sind.

Der Vorsichtige. Es handelt sich in diesem Fall nicht, wie man annehmen könnte, um eine Variante des Angsthasen, sondern vielmehr um einen mobilen Eigenbrötler. Der Vorsichtige kann rennen, springen und herumtollen. Im Unterschied zu den anderen Kindern, die sich dabei laufend irgendwie verletzen und weh tun, kann der Vorsichtige rechtzeitig abbremsen. Er wird die Treppe benützen, anstatt von der Mauer herunterzuhüpfen, einige Meter vor dem großen Hund anhalten oder sich die kleinere der beiden Rutschbahnen aussuchen.

Seine Zukunft kann niemand voraussagen. Mit einiger Sicherheit kann man jedoch sagen, was er nicht werden wird, nämlich: Rennfahrer, Söldner, Stuntman, Kassierer in einer kleinen, nur mäßig gesicherten Zweigstelle einer großen Bank. Was auch immer passieren mag, man kann jetzt schon prophezeien, daß der Vorsichtige sich beim Autofahren immer anschnallen wird.

Der Unbekümmerte. Er wird leicht zum Opfer des Vorsichtigen. Während der Vorsichtige wie üblich rechtzeitig abbremst und der Gefahr aus dem Weg geht, ist der Unbekümmerte zu seinem Leidwesen sehr oft nicht genug auf Draht und rennt in sein eigenes Unglück. Oder konkreter gesagt: Er schlägt längelang auf dem Rollsplitt hin, fällt von der Mauer, wird von dem großen Hund gebissen, knallt mit voller Wucht am Fuße der Rutschbahn auf den Betonboden ...

Seine Zukunft ist überschattet. Sollte er lange genug überleben, dann wird der Unbekümmerte seinen Militärdienst wahrscheinlich bei den Fallschirmjägern ableisten und sich freiwillig für einen Sondereinsatz melden. Danach wird man nie wieder etwas von ihm hören.

Der Eifersüchtige. Egal, was er auch immer gerade tut, der Eifersüchtige wird es nie zulassen, daß ein anderes Kind mit irgendeiner seiner Spielsachen spielt. Sei es nun sein Lastwagen, seine Schaufel, sein kleines Auto oder seine kleine Mama. Sollte dies doch der Fall sein, dann sieht der Eifersüchtige rot. Handelt es sich dabei um einen Jungen, beginnt er um sich zu treten, zu schlagen, zu schreien. Handelt es sich um ein Mädchen, beginnt sie zu kratzen.

Die Eifersüchtigen haben meistens einen sehr ausgeprägten Gerechtigkeitssinn und ein Gefühl für die Bedeutung von Eigentum. Gerade deswegen zögern sie keinen Augenblick lang, sich das Spielzeug eines Spielkameraden anzueignen. Sollte letzterer zufällig auch ein »Eifersüchtiger« sein, ist es angebracht, einen neuen Spielplatz zu suchen.

Seine Zukunft ist glänzend. Der Eifersüchtige eignet sich alles an und gibt nichts her. Auf dieser gesunden Basis kann der Eifersüchtige Direktor eines großen Betriebes, Minister für Soziales oder Bankier werden. Also, wenn Sie nach Ihrer Pensionierung glücklich, zufrieden und ungestört Ihre Tage verbringen wollen – legen Sie sich nicht mit einem Eifersüchtigen an.

Der Charmeur. Er verbringt seine Zeit damit, sich in Szene zu setzen und den anderen Müttern schöne Augen zu machen, wenn seine eigene gerade übermüdet sein sollte. Was will er? Kekse!

Seine Zukunft ist gesichert. Die »Keksperiode« wird nicht allzu lange vorhalten. Sollte es sich um einen hübschen Jungen handeln, so wird er später sicher zum Gigolo. Ein hübsches Mädchen wird zum Callgirl. Das Schlimmste, was einem Charmeur passieren kann, ist, häßlich zu sein. Ein abstoßend häßlicher Charmeur bekommt keine Kekse und macht sich darüber hinaus noch lächerlich. Was seine Zukunft als Gigolo oder Callgirl betrifft, so sehen wir auch da schwarz.

Der Sportsmann. Er kommt auf den Spielplatz, um sich zu verausgaben. Unermüdlich hüpft er durch die Gegend, schiebt sein kleines Pferdchen herum, zieht seinen Lastwagen hinter sich her, radelt auf seinem Minirad durch die Gegend, ohne von seinen Spielkameraden auch nur Notiz zu nehmen – es sei denn, sie radeln gerade in die gleiche Richtung wie er und versuchen, ihn zu überholen. In so einem Fall gibt der Sportler Gas.

Seine Zukunft ist ermüdend. Für den Sportler ist das Leben ein langer, mit Hindernissen und Herausforderungen gespickter Parcours. Aber er wird durchhalten. Er wird die Zähne zusammenbeißen. Los, kleiner Sportsmann, auf geht's!

Neues von Doktor Hermann Paul

»Das Werk unseres verehrten medizinischen Beraters: ›Die Frau – eine umfassende Einführung‹, *das ich verlegt haben soll, hat sich bei Familie Antilogus wiedergefunden. Der Hausherr hatte seinen wackligen Schreibtisch damit standfest gemacht. Ein Skandal!«* *gez.*: J. L. Festjens.

»Stimmt ja gar nicht!« *gez.*: P. Antilogus.

Baby und die Technik

Generell kann man sagen, daß das Baby noch wenig begabt ist. Seltsamerweise jedoch steckt in den noch raren Windungen seines Gehirns eine echte Begabung. Und zwar die, augenblicklich zu verstehen, wie ein x-beliebiges elektronisches Gerät funktioniert. Voraussetzung hierfür ist jedoch, daß dieses Gerät über kleine Lämpchen verfügt, die aufblinken. Babys lieben kleine Lämpchen, die blinken.

Man weiß noch nicht viel über den Ursprung dieser Begabung, aber das steht fest: Es handelt sich nicht um ein elterliches Erbteil. Ein großelterliches Erbteil ist es schon gleich gar nicht. Der Beweis hierfür ist einfach. Bitten Sie einmal Ihre eigenen Eltern, Ihren Videorecorder für eine Aufnahme zu programmieren, nur so zum Spaß. Oder bitten Sie Ihre Frau, dies zu tun – oder versuchen Sie es selbst …

Baby kann das!

Anfangs finden Sie das wahrscheinlich sehr amüsant. Sie waren gerade in der Küche, als sie plötzlich das Adagio von Albinoni in voller Lautstärke hörten. Baby hatte Verstärker und Kassettenrecorder eingeschaltet, eine Kassette eingelegt, die Lautstärke aufgedreht, am Equilizer rumgefingert. Sie hatten diesem ganzen Vorgang keine besondere Bedeutung beigemessen. Als nächstes stand Baby manchmal mitten in der Nacht auf, um sich eine Videokassette einzulegen. Es dauerte nicht lange, und Ihr Kind besiegte Sie bei Ihrem Lieblingsvideospiel. Schließlich reparierte es Ihren Toaster, und nun kriegen Sie langsam Angst.

Was ist zu tun?

Es hängt ganz davon ab, was Sie sich für die Zukunft Ihres Kindes wünschen. Wenn Sie möchten, daß es Radio- und

Fernsehtechniker wird, dann lassen Sie es ruhig gewähren. Haben Sie sich aber irgendeine andere Tätigkeit vorgestellt, dann sollten Sie jetzt eingreifen.

Notmaßnahmen, um einen angehenden Elektronik-Freak umzupolen.

1. Überkleben Sie mit schwarzem Isolierband all die kleinen roten Lämpchen, die überall an Ihren Verstärkern, Plattenspielern, Kassettenrecordern, Mixern oder Toastern sind.
2. Besser noch: Überkleben Sie alle Lichtquellen, vor allem auch den Bildschirm Ihres Fernsehers. Man kann nie vorsichtig genug sein.
3. Wenn man es sich recht überlegt, wäre es am sichersten, das ganze Zeug wegzuschmeißen; also alles, was man einschalten kann, was Bilder produziert, Licht oder Töne erzeugt. Alles. Vor allen Dingen auch den Fernseher, die Lampen, den Backofen. Alles, haben Sie gehört? Alles. Wir wissen, das ist hart – aber lieben Sie Ihr Kind oder nicht?
4. Genauer betrachtet wäre es eigentlich am besten, wenn Sie umziehen würden, und zwar in ein abgelegenes Dorf, in dem es keine Elektrizität gibt. Das wäre das sicherste. Wo gibt es noch abgelegene Dörfer ohne Elektrizität? Zum Beispiel in Frankreich: Saint-Julien-en-Ardèche, Porcine-le-Bel-Étang, Beaujeu-sur-Auvézère, Malakoff.
5. Moment, M-o-m-e-n-t! Jetzt müssen Sie ganz besonders vorsichtig sein. Werfen Sie vor allen Dingen auch alles weg, was mit Gas betrieben wird, all Ihre Streichhölzer, alles, was Räder hat.
6. Am allerbesten wäre es, Sie verlassen dieses abgelegene Dorf. Man kann nie wissen. Vielleicht trifft Ihr Kleines dort durch Zufall einen High-Tech-Freak, der ein Feuerzeug oder eine Petroleumlampe besitzt, und Sie müßten wieder von vorn anfangen. Am besten ist es, Sie suchen sich eine schöne alte Höhle. Das wäre wirklich das allerbeste.
7. Eine schöne alte Höhle! Aber achten Sie darauf, daß man in ihrer Umgebung keine Feuersteine findet.
8. Du zufrieden jetzt? Sohn nicht mehr Gefahr zu werden Elektronikfreak. Jappa-Dappa-Duu.

Die künstlerischen Aktivitäten des Kleinkindes sind zu lange vernachlässigt worden. Ein Naturtalent, was die Malerei angeht, zeigt das Kleinkind in seinen Werken eine Art pedantischen Weltschmerzes, der uns ganz stark an einen Miró erinnert. Ein ganz persönliches Farbempfinden – am ehesten dem Van Goghs vergleichbar – läßt das Kind sich über spießbürgerliche Vorurteile hinwegsetzen. Mit Leichtigkeit wird es zum Beispiel einen Himmel rot anmalen – ganz besonders dann, wenn es keine blauen Farbstifte mehr hat. Sein Strich ist sicher und kraftvoll, er erinnert uns an die besten Werke eines Max Ernst und entfernt sich im Ausdruck ganz bewußt von jeglicher Gegenständlichkeit. *Baby ist ein abstrakter Künstler.*

Aber genug geplaudert.

Auf den folgenden Seiten haben wir einige der hervorragendsten Stücke aus der Wendebildt-Kollektion zusammengestellt, die dem breiten Publikum demnächst in der ganz neuen Pinakothek vorstellt werden.

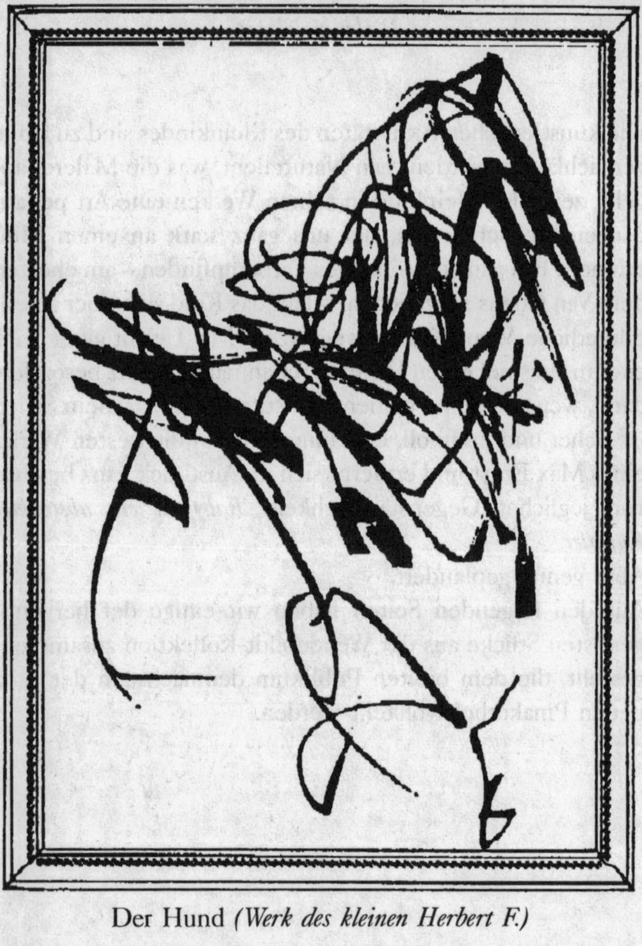

Der Hund *(Werk des kleinen Herbert F.)*

Die Eleganz der Linienführung unterstreicht den Fluß der Formen und gibt dadurch dem Gesamtwerk einen kraftvollen Ausdruck, wodurch es sich klar von den Klischees figurativer Werke abhebt.

(Ramon Figueira, *Corriere de La Paz*)

Haus mit Blume *(Werk der kleinen Elisabeth G.)*

Eine Apotheose von gewagt modernistischer Linienführung. Der ganze Rhythmus des Bildes leitet sich aus seiner primär tektonischen Grundstruktur her. Das Werk verunsichert und ist gleichzeitig anziehend.

(Arnold McMillan, *The Boston Review*)

Das Pferd *(Werk der kleinen Christa S.)*

Eine phantasielose Fleißarbeit, relativ schwerfällig, jedoch irgendwie rührend, obwohl von ziemlich schlechter Qualität.
(Gottfried Heinbach, *Gemeindeblatt Niefern)*

Einige gesunde Erziehungsprinzipien

Doktor Hermann Paull in alter Frische

Für die Mehrheit der Eltern ist es außerordentlich schwierig, sich eine exakte Vorstellung von der Begabung ihres Kindes zu machen. Gerade die Väter haben sehr oft Schwierigkeiten, Wunschvorstellung und Wirklichkeit voneinander zu trennen. Daraus resultieren meist bittere Enttäuschungen.

Bislang ging es darum, ein kleines Baby aufzuziehen. Jetzt geht es darum, ein kleines Kind zu erziehen. Wer wäre dieser grundlegenden Aufgabe besser gewachsen als ein Vater? Wer könnte das besser als Sie, treuer alter Freund?

Ihr ausgeprägtes moralisches Empfinden, Ihr Weitblick, Ihre große Lebenserfahrung, all diese Eigenschaften prädestinieren Sie geradezu für diese Rolle. Es steht außer Frage, daß Ihre Frau total überfordert wäre, wenn sie – zusätzlich zu den wenigen einfachen, jedoch in ihrer Bedeutung nicht zu unterschätzenden Aufgaben, die der Haushalt ihr täglich stellt – noch die Erziehung und Führung des Heranwachsenden übernehmen müßte. Kurz gesagt: Sie werden gebraucht – wieder einmal.

Natürlich könnte man ein ganzes Buch auch über dieses grundlegende Thema schreiben. Aber einige wichtige Bemerkungen müssen in Ihrem Fall wohl ausreichen, da Sie – wie wir Sie kennen – wahrscheinlich viel zu geizig sind, um sich ein eigenes Buch zu diesem Thema zu kaufen. Nein, danken Sie uns nicht! Wir tun nur unsere verdammte Pflicht und Schuldigkeit.

Welches sind die geheiligten Ziele einer Erziehung, die diesen Namen wirklich verdient? Zunächst einmal müssen Sie dem kleinen Wesen beibringen, wie man Herr seiner Instinkte wird. Sie müssen es die Kunst der Selbstbeherrschung lehren. Dabei werden Sie sich sicher an den fünf Hauptgeboten der antiken Philosophie orientieren, die wir hier noch einmal kurz in Erinnerung rufen möchten:

- Man bohrt nicht in der Nase.
- Man bindet sich die Serviette nicht um den Hals.
- Man schlägt keinen Menschen, der schon am Boden liegt – viel weniger noch ein Tier.
- Man küßt einer Dame auf offener Straße nicht die Hand – auch dem Vater dieser Dame nicht, es sei denn, man möchte ihn um die Hand derselben bitten.
- Man trägt niemals dunkelblaue Socken zu braunen Sandalen.

Ein weiterer wichtiger Punkt ist es, dem Kind den Unterschied zwischen Gut und Böse klarzumachen. Wenn man dann schon einmal dabei ist, kann man ihm auch gleich beibringen, zwischen dem, was ziemlich gut, und dem, was gar nicht mal so übel ist, zu unterscheiden, zwischen dem »Es geht gerade so« und dem »Das könnte eigentlich besser sein«. Sollte Ihr Kind nicht fähig sein, das zu unterscheiden, dann kaufen Sie ihm eine Brille.
Wir wissen nicht, woran Sie glauben, liebe Leser und Freunde. Wir wissen auch nicht, welcher politischen Richtung Sie angehören, welcher Ideologie oder welcher Philosophie Sie anhängen, und offen gesagt, ist uns das auch völlig egal. Wir wollen es gar nicht wissen. Ungeachtet Ihrer Einstellung empfehlen wir Ihnen allen gleichermaßen, Ihren Kindern aus dem Leben berühmter und allgemein anerkannter Per-

sönlichkeiten zu erzählen, wie z. B. von Heinrich Schliemann, Mata Hari, Friedrich Barbarossa, Kaiser Wilhelm und der ganzen anderen Sippschaft. Erzählen Sie die außergewöhnlichen Lebensläufe und Schicksale dieser Persönlichkeiten auf lebendige und einprägsame Art. Und seien Sie versichert, daß die Vorstellungskraft und die Phantasie der Kinder durch diese Erzählungen gefesselt sein wird. Sie werden in ihre Herzen den Keim der Güte legen und ihre jungen Gehirne dauerhaft formen ... unter Garantie!
Die weniger wichtigen Inhalte der väterlichen Erziehung (Fair play, Fußballregeln, wie hält man einen Golfschläger, welcher Wein paßt am besten zu welchem Gericht) – sie sollen an dieser Stelle nicht angesprochen werden. Wir möchten nun nämlich direkt zu den zwei Kardinalfehlern kommen, die man im Rahmen der Erziehung unbedingt vermeiden sollte. Ab dem achtzehnten Monat sind weder übertriebene Strenge noch übertriebene Nachsicht angesagt. Wo stehen Sie hier zwischen Skylla und Charybdis? Was für ein junger Vater sind Sie? Das läßt sich sehr einfach herausfinden. Es gibt nämlich nur drei Grundtypen:

1. Nehmen wir an, Sie betreten ein Zimmer. Sofort hören alle Anwesenden auf, sich zu unterhalten. Ihre Tochter oder Ihr Sohn beginnt zu weinen, sobald er Ihrer ansichtig wird. Ihre Frau senkt den Blick. Alle anderen Personen, die auch anwesend sind, drängen zum Ausgang oder springen aus den Fenstern. Sie hören auf dem Flur die Schreie und das Gedrängel der Menschen, die zur Tür hasten. Ihr Blick fällt auf Ihren Schatten an der Wand, der genauso aussieht wie der von Christopher Lee oder Stalin. Schauen Sie sich um: um Sie herum nur noch fahle, verängstigte Gesichter. Wenn dies der Fall ist, dann gibt es keinen Zweifel: Sie sind zu streng.

Relaxen Sie! Treiben Sie Sport. Wenn Sie sich nicht ein bißchen lockerer geben, werden Sie bald ein in Scheidung lebender junger Vater sein, der einsam und verlassen vor sich hin lebt. Und das würde Ihnen ganz recht geschehen, Sie Wüstling!

2. Nehmen wir einmal an, der Lärmpegel in Ihrem Wohnzimmer ist so hoch, daß Sie sogar Ihre Frau nicht mehr verstehen können. Nehmen wir weiterhin an, daß Sie hinschauen können, wohin Sie wollen, immer wird der Kleine in Ihrem Blickfeld auftauchen. Er benimmt sich wie eine riesige, zwölf Kilogramm schwere Stechmücke, die sich ein-

fach nicht abschütteln läßt. Der Kleine schreit Ihnen in die Ohren, er klettert auf Ihnen herum, während Sie versuchen, Ihre Zeitung zu lesen. Überhaupt niemand im ganzen Haus schert sich einen Deut darum, was Sie zu sagen haben. Wenn dies alles zutrifft, dann sind Sie wirklich ein Fußabtreter, geehrter Leser, eine Null, ein Weichling, ein Feigling, eine Pfeife.

Zum Donnerwetter, jetzt reißen Sie sich doch etwas zusammen! Sie sind doch kein Waschlappen, oder? Nehmen Sie Ihre Familie an die Kandare. Ziehen Sie jetzt endlich mal die Schraube etwas an. Sie sollten nämlich wissen – wenn der Kleine Sie schon jetzt nicht respektiert, dann wird er Sie später verprügeln.

3. Nehmen wir mal an, Sie kehren nach einem harten Arbeitstag im Dschungel der freien Marktwirtschaft müde an den heimischen Herd zurück. Nehmen wir weiterhin an, Ihr Kind läuft lachend und mit ausgebreiteten Ärmchen auf Sie zu. Unter Freudengeschrei fällt es Ihnen um den Hals. Sie lesen in seinem Blick, daß es überglücklich ist, Sie wiederzuhaben. Ihr Herz tut bei seinem Anblick einen Freudensprung. All Ihre Sorgen fallen auf wunderbare Weise von Ihnen ab. In Gegenwart des Kleinen fühlen Sie sich weit zurückversetzt in das magische Königreich Ihrer eigenen Jugend. Wenn es so ist, lieber Freund, dann ist alles in Butter. Die Welt ist in Ordnung.

Unsere Erziehungsratschläge haben *Sie* nicht nötig. Sie sind ein guter junger Vater. Ein ausgezeichneter junger Vater. Sie sind ein junger Vater wie aus dem Bilderbuch. Sie sind schon ein toller Typ.

Der Schlußakkord des Doktor Hermann Paull

Einige Eltern begehen den schwersten Erziehungsfehler überhaupt, indem sie davon ausgehen, daß ihr Kind ein gutes, begabtes und außergewöhnliches Wesen ist, und ihm dies dann auch zeigen. Kinder haben einen diabolischen Instinkt für die Schwächen ihrer Erzieher.

Das Abschiedswort der Autoren

Danke für alles, und ruhe in Frieden, Hermann.

Noch eins?

Diese Frage stellt sich sehr oft in den achtzehn bis dreißig Monaten, die auf die Geburt des ersten Kindes folgen. Ist der Zeitabschnitt einmal vorbei, dann scheint es einem, als ob die bloße Idee, noch einmal von vorne beginnen zu müssen, sich wieder mit den Windeln herumschlagen, wieder die Hölle der schlaflosen Nächte und der anzuwärmenden Fläschchen durchleiden zu müssen, über die Kräfte jedes normalen Menschen gehen müßte.

Laotse hat einmal geschrieben: *»Wenn man vom Pferd fällt, muß man sofort wieder aufsteigen.«* Damit hatte er sicher recht. Aber wußte er, dieser geniale Chinese, als er diese tiefgründige Maxime aufstellte, ob sie auch auf unseren Fall* anzuwenden ist? Was glauben Sie? Wußte er das? Sei's drum.

Diejenigen unter unseren Lesern, deren geistige Regsamkeit leicht unter dem Durchschnitt liegt, werden sich jetzt wahrscheinlich fragen, worauf wir hinauswollen. Muß man wieder auf das Baby steigen, wenn man von ihm heruntergefallen ist? Aber wie kann man auf ein Baby steigen, werden Sie sich fragen. Seien Sie beruhigt. Das war nur bildlich gemeint. Im übrigen wäre es für Sie wahrscheinlich am besten, wenn Sie sich ein Buch besorgten, in dem es viele solche Bilder gäbe (möglichst noch zum Anmalen!).

Also: *Wer seine Frau nicht öfter liebt, ihr auch kein zweites Kind mehr gibt* (Sprichwort aus dem Kraichgau, 12. Jahrhundert). Sie sollten sich, lieber junger Vater, dieses Sprichwort zu Herzen nehmen und der Gnädigen den Hof machen (mit allem, was dazu gehört) nach alter germanischer Sitte, näm-

* Nämlich, ob man ein zweites Baby haben soll.

lich jeden Samstagabend, ruckzuck und im Dunkeln. Wenn Sie ein bißchen Ausdauer zeigen, dann wird einige Monate später sicher ein freudiges Ereignis (Quelle unsäglicher Freuden) Ihre triste Existenz erhellen. Denn, wie Sie ganz richtig vermuten, wir raten Ihnen dazu, sich ein zweites Kind anzuschaffen. Und zwar aus folgenden sehr einleuchtenden Gründen:

- Die Frau Familienministerin hat es gesagt.
- Das ist die einzige Möglichkeit, die ganze Babyerstausstattung zu amortisieren.
- Weil zwei Kinder noch mehr Steuervorteile bringen als eines.
- Weil das erste ein Junge war und Ihre Frau gern ein Mädchen hätte.
- Oder umgekehrt.
- Weil sich Ihre Mutter darüber freuen würde.
- Weil Ihnen zum Kartenspielen noch ein vierter Mitspieler fehlt.
- Weil der geniale Doktor Hermann Paull der Meinung ist, daß Einzelkinder eine Gefahr für unsere zivilisierte Welt darstellen.
- Damit Ihre Frau etwas zu tun hat und sich nicht in Kneipen rumtreibt.
- Weil dank des unermüdlichen Einsatzes der I. V. V. der Vaterschaftsurlaub zum Zeitpunkt der Geburt Ihres zweiten Kindes drei Monate betragen wird.
- Und weil die Vaterschaft eine Quelle unsäglicher Freuden ist.

Praktische Anmerkungen

Zur weiteren Information empfehlen wir folgende Bücher: *Die elementaren Strukturen der Vaterschaft* von C. Lévi-Strauss, PUF 1949.
Essay über die eschatologische Metaphysik, den Schöpfungsakt und seine Objektivierung von Nikolai Alexandrowitsch Berdjajew, Aubier 1946.
Studie über die Minderwertigkeit von Organen und deren psychische Kompensation von Alfred Adler, Payot 1956.

Filmtips

Educating Rita (Großbritannien 1983, 115 Min., Komödie). Ein Film von Louis Gilbert mit Michael Caine und Julie Waters.
Ein dem Alkohol verfallener Lehrer erzieht die junge Rita. Ein wunderbarer Film.
Das Versprechen (Schweden 1943, 100 Min., Kriegsfilm). Ein Film von Gustaf Molander mit Rune Lindström, Vanda Rothgardt und Renaud Bombard.
Ein alter Mann bewirtschaftet zusammen mit seinen Söhnen einen Bauernhof. Ein wunderbarer Film.
Halt die Klappe, wenn du sprichst (Frankreich 1981, 90 Min., Western). Ein Film von Philippe Clair mit Aldo Maccione und Edwige Fenech.
Ein Kapitän der Handelsmarine hat den Verdacht, daß sein Schiff für Spionagezwecke mißbraucht wird. Zembla befreit die Königin der Tagos-Tagos, aber der junge McDouglass lispelt. Zum Glück kommt die Kavallerie rechtzeitig. Ein wunderbarer Film.

Wichtige Adressen

Bundesanstalt für Logopädie, Pappelallee 12, Berlin 1.
Jugendstrafvollzugsanstalt, Schlagstraße 27, Karlsruhe.
Arbeitskreis »Moral und Tugend«, Unteroffiziersheim des zwölften Panzergrenadierregiments, Stetten am Kalten Markt.

Vom dreißigsten Monat bis zum dreißigsten Jahr

Wie mit der Zeit das Profil eines jeden Reifens abnimmt, so nimmt das Profil des Menschen zu.

Paul Morand

Seien wir realistisch. Je mehr Zeit ins Land geht, um so weniger ist Ihr Baby damit einverstanden, daß Sie es Baby nennen. Sie glauben uns nicht? Ein einfacher Test wird es Ihnen beweisen. Rufen Sie im Büro Ihres Babys an und sagen Sie zur Telefonistin: »Mein Name ist Schmidt, ich hätte gern mein großes Baby gesprochen, bitte.« Sobald Sie es dann am Apparat haben, achten Sie einmal auf die Stimme Ihres Babys. Können Sie nicht eine gewisse Gereiztheit heraushören? Also seien Sie mal ganz ehrlich!*

Der Grund dafür ist uns allen klar. Vom dreißigsten Monat an bis ins dreißigste Jahr hat es Baby gar nicht gern, wenn man es Baby nennt. Nach dem dreißigsten Lebensjahr lassen sich einige Babys wieder im Privatleben von ihren Partnern oder Partnerinnen Baby nennen. Aber das kann Ihnen egal sein, denn für Sie trifft das auf keinen Fall mehr zu.

Und schauen Sie sich doch nur einmal in einem Spiegel an. Diese dreißig Monate, diese vielen schlaflosen Nächte, all diese Anstrengungen, das ständige Theater, um das Kleine bei Laune zu halten, und das pausenlose Hin und Her mit Fläschchen, Kinderwagen usw. haben Sie verändert. Soviel steht fest. Was ist aus dem naiven (werdenden) jungen Vater geworden, der ein unbefangenes Auge auf die ersten Zeilen dieses Werkes warf? Schauen Sie sich noch einmal an. Sie sehen einen gestandenen Mann, dessen fester, aber gütiger Blick auf sein Spiegelbild fällt, während er mit sicherer Hand ein letztes Mal nach diesem Buche greift.

Es ist Zeit, es nun zu schließen, alter Freund, denn Sie sind jetzt kein junger Vater mehr.

* Sollten Sie nicht Schmidt heißen, dann können Sie den Test in der angegebenen Form leider nicht durchführen. Es tut uns schrecklich leid.

Praktische Anmerkungen

Zur weiteren Information empfehlen wir folgende Bücher:
Der Friedhof der Elefanten von O. Wasenschund, Verlag Lang & Weile, Stuttgart.
Das Rentenalter, eine Einführung, von Ben Sion, Verlag Tatter & Greiss, München.
Der Alte schlägt zurück von Jack Smiley, Rohgewalt Verlag.

Filmtips

Die Eltern der Eltern (Frankreich-Italien, 1960, 90 Min., Drama). Ein Film von Gilles Grangier mit Jean Gabin, Pierre Fresnay und Noël-Noël.
Drei alte Männer unterhalten sich über ihre Kinder.
Der Enkel des Spartakus (Italien 1963, 12 Min., Psychodrama). Ein Film von Sergio Corbucci mit Steve Reeves und Brigitte Bardot.
Spartakus' Enkel erfährt vom Schicksal seines Großvaters und bringt sich um.
Was gibt's da zu lachen? (Tschechoslowakei 1917, 246 Min., Psychodrama). Ein Film von Akira Kurosawa mit Jack Hawkins, Piotr Kadochnikow und Gordana Janovic.
Ein junger Vater entdeckt, daß seine Tochter sprechen kann.

Wichtige Adressen

SOS Väter in Not, Hafenstr. 17, Hamburg.
Europäische Union der jungen Großväter Deutschlands (Hauptstelle für die alten und neuen Bundesländer), Rosa-Luxemburg-Allee 17, Rostock.

Inhalt

Knaur

Humor in allen Lebenslagen

(2119)

(2160)

(2767)

(2642)

(2647)

(2763)

Knaur

Scheiden tut doch weh

(4016)

(3873)

(3802)

(7933)

(7929)